「サボる才能」はあるか？

「努力が大事だ」と思っている人に、
ぜひ、やってみてほしいことがある。

スマホと財布を家に置いて、外に出てみよう。
そして、1週間、過ごしてみる。
ただし、家族に頼るのはＮＧだ。

1週間後、キレイな服で、お腹も満たされて、
何事もなかったかのように帰ってくることはできるだろうか。

それができる人は、この本を読む必要はない。

本書は、いわば「レールを外れる人生」の練習だ。

レールを外れ、手ぶらで生きる。

友達の家に泊めてもらったとき、自分に何ができると思ったか。

公園で寝るとき、何をやりたいと思ったか。

お腹をすかせたとき、真っ先に思いついた方法は何か。

誰に会い、どこに行けば、ちゃんとした生活ができるのか。

それらすべてが、あなたの「生きる力」そのものだ。

アリの巣を観察すると、大きく分けて2つのタイプに分かれるという。
「働きアリ」と「働かないアリ」だ。

「働きアリ」は、任された仕事を一生懸命にこなす。
巣を掃除し、エサを運び、せっせと働く。
「働かないアリ」は、ダラダラと何もせず過ごし、
たまにぷらぷらと外を出歩く。
サボっているように見えて、たまに「バカでかいエサ」を見つけて、
巣に戻って報告をする。それを他のアリたちが運んできてくれる。

そんな「働かないアリ」であれ。

「働かないアリ」のように、
お金や時間にとらわれない状態になると、チャンスが見えるようになる。

まさしく「サボる才能」があるかどうかが問われる。
2時間でやるべきことを1時間で終わらせて、1時間を余らせること。
さらに、30分で終わらせることはできないかと考え続けること。

この本では、あなたに「サボる才能」があるかを試し、
それを磨いていくための「7つの話」をしようと思う。

目的は1つ。
死ぬまでの「幸せの総量」を増やすためだ。

天才は「1%のひらめき」をして、
凡人は「99%の努力」をする。

そのあいだを取り持つ僕は、「1%の努力」で最大の成果を得てきた。

就職氷河期で就職もせず、インターネットにどっぷりの生活。
「2ちゃんねる」は、他のサービスのいいところをマネた。
「ニコニコ動画」は、ドワンゴの社員のアイデアに乗っかった。
努力しない努力を極めて、
いま、僕はフランスのパリで余生みたいな生活を送る。

これまで何度となくレールを外れてきた僕の
「生き方・考え方」についてもたくさん語ろうと思う。

必要だったのは、お金や時間ではない。「思考」だった。
工夫を取り入れ、「やり方」を変えられること、
ヒマを追求し、「何か」をやりたくなること。
つまり、自分の頭で考えるということが大事だった。
だから、スケジュールを埋めるな。「余白」を作れ。
両手をふさぐな、「片手」を空けよ。

「頑張ればなんとかなる」と思っている人は、甘い。
努力でなんとかしようとする人は、「やり方」を変えない。
では、どうやって「やり方」を変えるのか？

その「考え方の考え方」を教えよう。

1%の努力

ひろゆき

ダイヤモンド社

目次

序文 「1%の努力」とは何か ……… 017

エピソード 1
団地の働かない大人たち――「前提条件」の話

エッグスタンドのある家 ……… 030
赤羽の話からはじめよう ……… 035
子ども部屋おじさん ……… 042
守るべきラインはどこにある ……… 044
弱者の論理 ……… 052
チャンスの前髪を捕まえよう ……… 057
お小遣い制度の人にはわからないこと ……… 062

エピソード2
壺に何を入れるか
――「優先順位」の話

大学生に話しておきたいこと　069
最初に買ったパソコン　075
捨てるものを決める思考法　080
利子だけで暮らそうとした　084
9つのバイトが教えてくれたこと　087
世の中は高校生レベルで成り立っている　091
キャパオーバーする瞬間　096

エピソード3

なくなったら困るもの

――「ニーズと価値」の話

できるけど、やりたくないこと……104
仕事の正しい選び方……110
出すぎた杭は打たれない……115
潰されていった天才たち……123
性善説を前提にしよう……127
価値があるように見せる……129

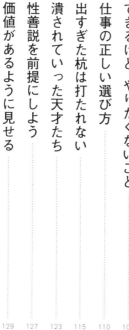

エピソード 4

どこにいるかが重要

――「ポジション」の話

自由な広場とボール …… 137
僕のポジション取りを語ろう …… 142
言ってはいけないことを言う …… 147
逆張り vs 紋切り型 …… 151
偉い人と現場仕事 …… 155
日本を1つの村として見る …… 160
ユニークな人が生き残る …… 166

エピソード5
最後にトクをする人
——「努力」の話

成功率を上げる方法……177
トップが下を殺しうる……184
ラクを追いかけてラクできない矛盾……191
みんなで解決するという神話……196
社会システムが悪いんだ……200
権威に弱い自分……206

エピソード6

明日やれることは、今日やるな
——「パターン化」の話

僕は天才タイプじゃなかった …… 217
ヒマをヒマでなくす技術 …… 224
天才を支える人 …… 227
頑張る方向を見定める …… 231
ゼロからの実績づくり …… 234
お金儲けの上にあるもの …… 238
予測不能なものに対価を …… 240
個人主義の度合い …… 243

エピソード7
働かないアリであれ
──「余生」の話

あらゆることを調べつくせ……251
肉屋を応援する豚……257
さも、意味ありげに生きられるか……261
パリの働かないアリたち……264
世界中に善意はある……268
最後にはすべて笑い話にできる……272

おわりに……274
ひろゆき・全思考まとめ……278

序文
「1%の努力」とは何か

エジソンへの誤解

「99%の努力と1%のひらめき」というのは、発明家エジソンの有名な言葉だ。

これの真意をみんな誤解している。

本当は、「1%のひらめきがなければ、99%の努力はムダになる」ということを言った現実的な言葉だ。しかし、「努力すれば道が開ける」という表現で広まっている。

発明の世界では、出発点が大事だ。

「光る球のようなものを作ろう」

そういう考えが先にあって初めて、竹や金属などの材料で実験をしたり、試行錯誤を重ねたりして努力が大事になってくる。

ひらめきもないまま、ムダな努力を積み重ねていっても意味がない。耳障りのいい言葉だけが広まるのは、不幸な人を増やしかねないので、あまりよくない。

そんな思いから、この本の企画がはじまった。

まずは人生の結論から

たとえば、僕は、人生に「生きる意味」は存在しないと考えている。

虫や細菌に生きる意味がないのと一緒で、地球上の生物は地球の熱循環システムの一部としての機能を果たしているだけだ。

ただ、そう考えることで、**「じゃあ死ぬまでにできるだけ楽しく暮らすほうがいいな」**と思うことができる。

幸せの総量を増やすことを目標にすればいいのだ。

それをうまく教えてくれるものがある。「本」だ。

いい本を読み終わったとき、「いい本を読んだな」と思うものだが、時間が経つと中身はほとんど覚えていない。覚えていたとしても、検索して調べられる程度のざっくりした内容しか頭の中には残っていないだろう。

僕はおすすめの本を聞かれると、『銃・病原菌・鉄』(草思社)を迷わずあげる。

その本は、「ヨーロッパやアメリカの白人が世界を席巻したのはなぜなのか?」という問いに証拠を交えながら答えを出していく。結論を書くと、「ヨーロッパからアジアに続くユーラシア大陸が東西に長かったからヨーロッパの人が覇権を取った」となる。

エジソンやアインシュタインのような天才が出てきたからではなく、大陸が横に長いと、小麦や米や芋やトウモロコシなど多くの穀物ができ、牛や羊や馬などの家畜も多品種が育つ。それによる差が大きくなっていき、南米やアフリカ大陸が太刀打ち出来ない技術や文化に発展した。

そこから僕が導き出した答えは、「人類の努力は、ほぼ無意味だ」ということだ。いくら人間が頑張っても、大陸の形を変えることはできない。

僕の生き方は、そういう結論から逆算するようにしている。

「変えられる部分」はどこにある？

さまざまなデータが、「環境」でステータスが決まってしまう現実を容赦なく突きつける。

たとえば、東大生の親の6割の年収は950万円以上である。親の年収が450万円未満の東大生は1割しかいない。大学受験のテストは公平である。なのに、教育環境や塾の費用など、お金持ちの家に生まれたかどうかが学歴に大きく響く。

世界トップクラスのお金持ち26人の資産を合わせると、150兆円にもなり、貧困層の38億人の資産を合わせた額と同じだという。イタリアのフィレンツェには、納税記録が600年前から残っているのだが、その調査によると、600年前に富裕層だった家系は2011年になっても富裕層のままだった。

さらに、環境だけじゃなく、「遺伝」も絡んでくる。

学業の成績は、親からの遺伝が60％ぐらい影響すると言われている。

芸能の職業では、顔やスタイルが大事な要素であるが、それらは遺伝で決まってしまう。ある程度の素養があった上で、努力して痩せたりすることはできるが、素質がないとどうしようもない。

特に、音楽の才能は9割ほどが遺伝子で決まると言われている。「アーティストになりたい」と思ったとしても、ほぼ遺伝子次第なのだ。

努力をすることで結果が変化するのも事実だが、人生のスタート地点の違いで圧倒的な差があるときに、努力して埋めようとするのは相当難しい。

それらを分けた上で、「**それでも変えられる部分**」を考えなくてはいけない。

1億5000万円の受付嬢

日本では、2000年前後にITバブルが起きた。

その当時、IT企業にたまたまいた人が、ストックオプション（自社株）をもらうことができ、普通に働いていただけなのに1億円を手に入れたりしていた。その人に1億円分の優秀さがあったわけでも、1億円分の努力をしたわけでもなく、いいタイミングでいい場所にいたのが重要だった。

グーグルがユーチューブを買収したとき、受付をしていた女性が、約1億5000万円を手にしたことが話題になった。世の中にはそんなチャンスだって転がっている。

先行者利益を得ることができるのは、自分の感覚で動いている人たちだ。

「ここにいるのはまずい」

「あそこに行くとよさそうだ」

そう感じたときに、自分なりの考えを組み立てて場所を変えられること。それが決定要因になる。ただ、そう簡単にいくはずもない。

考えが固まってしまう前に

おそらく古い常識は、あなたの柔軟な考えを邪魔してくる。

たとえば、「銀行に就職が決まった」と親に言ったら、「一生安泰だね」と言われるかもしれない。

けれど、金融庁の調べによると、地方銀行の利益の合計額は年々落ち続けていて、5年以上連続で赤字を出している銀行が増えている。

銀行業界は、体力のないところから潰れていくことが決まってしまっているわけだ。いくら世間体のいい銀行勤めでも、あなたが優秀で努力家だとしても、日本全体の銀行が少なくなっていく波には逆らえない。

それなら、追い風が吹いている業界に移ったほうがいい。

大事なのは、自分の感覚だ。

若い人だとネットバンキングを使うのが当たり前だし、ATMがあればお金が下せるので、銀行の窓口なんて近所になくてもそんなに困らない感覚がある。

その一方で、高齢の人だと、ネットバンキングは使わないし、振込みは窓口に行ってやるので、近所に窓口があることが必要になる。

10年後、窓口をたくさん作る銀行と、ネットバンキングの充実とコンビニのATMを使えるようにした銀行のどちらが経済的にうまくいくか。

こんな答えがわかりきった問題ですら、考えの古い高齢者は間違えてしまう。それくらい「考え方のクセ」はなかなか取れない。

若い人にはあと何十年もの人生があるが、いまの時代に必要な知識を持っていない高齢者のせいで損をするのは若い人のほうだ。

年寄りは逃げ切ってしまうから、どうでもいい。

努力をしないで成果が出せる環境はどこなのか。それは、現在の情報や知識を仕入れて、賢い判断で選ばなければわからない。

自分の頭で考える世代

僕は、1976年生まれの「就職氷河期世代」だ。

この世代の特徴は、「**自分の頭で考えることができる**」ということだと思う。

僕らより上の世代は、バブル世代であり、時代を謳歌してきた。会社からも守られてきただろう。

彼らの世代が、いま、早期退職でリストラの嵐に巻き込まれている。僕の世代は時代が悪かったぶん、考えることを余儀なくされ、おかげで能力が身についた。皮肉だが、悪い環境には人を育てる側面があり、時代が悪いことがチャンスにもなる。

僕より上の世代は、「昔はよかった」と話す人が多い。

しかし、ちゃんとデータを見ることができれば、昭和の時代より平成のほうが、殺人事件や餓死が少なく幸せの総量は多いことがわかる。

人生で選択肢が目の前にあるときに、どういう基準で考えるのかは人それぞれ違う。そこには、「判断軸」が存在する。**「考え方の考え方」**みたいな部分だ。

これについては、僕の経験をもとに教えられるのではないかと思った。

できるだけ長期的な目線を持ち、「よりよい選択肢をとる」というクセがつくように、根っこの部分を書いた。それが、この本だ。

キレイゴト抜きにすべてを語ろう

ある成功者は、「みんな頑張ろう。頑張れば幸せになれるし、頑張らないと不幸になる」と平然と言う。

みんな頑張ったところで、みんなが活躍できてたくさんのお金を稼げるわけではない。努力以外に、能力が必要だ。能力と努力が掛け合わされて、初めて結果が出る。だから、能力のない人はいくら努力してもムダになる。

みんな、底辺から這《は》い上がった話が好きだ。ツラくても歯を食いしばって我慢してきて、そして成功をつかみとる。そんなハッピーエンドを好む。

でも、現実はそうじゃない。

高い財布を買うと金持ちになるのではない。逆だ。金持ちが高い財布を持っているだけだ。

そうやって因果関係の理解を間違えると、人は不幸になってしまう。

ただ、能力があるのに努力をしない人がたまにいる。

あるいは、「環境」と「遺伝子」の現実を知った上で、自分のできないことを受け入れながら、ちょっとだけ考え方を変えるだけで幸せになれる人もいる。

彼らに向かって、キレイゴト抜きのアドバイスができればいいなと思う。それは、大きな船の舵を切って、1度ずつ徐々に進行方向を変えるような作業だ。

この本では、7つのエピソードを語る。

「前提条件」「優先順位」「ニーズと価値」「ポジション」「努力」「パターン化」「余生」という7つの話だ。

それぞれに、重要な「判断軸」をいくつか与える。

多くのビジネス書では、大事なところが太字になっているが、よく読むと、そんなに大事ではないことまで太字にされている。

この本では、**本当の本当に大事な文章だけを太字にしている。**

そういうわけで、今回の本は、限界までは僕自身が書き、残りは2年の歳月をかけて編集の人に話を語った。僕なりの「1%の努力」はしたつもりだ。残りの99%を編集者の種岡さんに任せることにする。

それでは、話をはじめよう。

エピソード1

団地の働かない大人たち

――「前提条件」の話

1976年。僕は神奈川県で生まれ、幼少の頃に東京都北区の赤羽《あかばね》に移り、そこで育った。小学生のときから、「MSX」というパソコンでプログラミングをしていた。

バッドエンディングで終わる映画「ポセイドン・アドベンチャー」に衝撃を受けて、期待を裏切る展開やレールを外れる人生が好きになった。

「お金がなくても生きられる」

「働かなくても別に全然かまわない」

僕の根底部分にはそんな考えがある。たぶん、世の中の常識とは真逆だと思う。

考え方には家庭環境が影響する。そんな話から語っていこう。

エッグスタンドのある家

大人になってからカルチャーショックを受けることがある。

早速だが、1つ質問がある。

「あなたの家には、エッグスタンドがありますか?」

どうだろうか。ちなみにエッグスタンドとは、食卓のテーブルの上に「卵を置くため」だけにある器のことだ。

「エッグスタンドくらいあるでしょう」

「エッグスタンドって何? 見たことないんだけど」

反応は2つに分かれると思う。

先に僕の考えを書いておこう。

卵を置くためだけの食器があるって、おかしくないか。器なんて何でもいい。普通の小皿であれば、卵に限らず、なんだって置くことができる。けれど、エッグスタンドは「卵のためだけ」にしか使えない。

そんなものを買う「余裕」があること。しかもそれを当たり前のように語る人がいることに、僕はショックを受けたのだ。

それを知ってからというもの、雑貨店に行くと、たしかにエッグスタンドが売られている。それまで目に入らなかったものが顕在化されてしまった。

さて、なぜ、こんな話をしたかというと、比較対象が現れたときに、どう受け止めるかで人生はけっこう変わると思うからだ。

「ああ、私の家はエッグスタンドもない家なのか。恥ずかしい……」

そう受け取る人が一定数はいるのではないだろうか。

ここでいう「エッグスタンド」は、例のひとつにすぎない。

「幼稚園の頃にお受験をしたことがある」

「海外へ行くときは必ずファーストクラスに乗っている」

「家にはサッカーができるほど大きな庭がある」

社会に出たり、SNSを開いたりすると、比較する機会が増えていく。特に、上京して大学に進学したり、就職して都会に出てきたり、結婚などのライフイベントで人間関係が変われば、この問題に直面する。

生きていく限り、つねに「比較対象」に晒《さら》される。

でも、比較対象がないほうが、人は幸せなんじゃないか。

そう思うと、「自分はこうやって生きてきた」ということをちゃんと軸として持っておくことが必要だ。

人を羨《うらや》んでしまいそうなときに、この言葉を思い出して立ち戻ってほしい。

「エッグスタンドなんて、いらなくない？」

すると、人生におけるさまざまなことを内省することができ、ぐっとラクになることだろう。

子どものお受験　＝エッグスタンド
ファーストクラス＝エッグスタンド
大きい庭付きの家＝エッグスタンド……

瞬時にそう置き換えるようにすればいい。さもエッグスタンドを持っていることを当たり前のように語るやつに、劣等感を抱く必要はない。

ブータンという国がある。

もともとが貧しい国で、農業で細々と暮らしていたが、国民の幸福度は高かった。しかし、経済発展をしてテレビが見られるようになり、「借金をする」という概念を覚えてしまった。ちゃんと学校教育を受けていなかったため、借金をして物を買うことになんの抵抗もなくなり、みんな借金で首が回らなくなってしまい、幸福度は下がっていってしまった。

ちゃんとした思考がないまま情報だけを与えられるとカモになってしまう。

ブータンの人々はおそらく、情報がなかったら、普通に幸せな国のままだったはずだ。情報はときに人を不幸にしてしまう。

赤羽の話からはじめよう

僕が育ったのは、東京都の北側。埼玉県との県境に位置する、北区赤羽というエリアだ。安い飲み屋が多く、センベロタウンとしても有名である。

地方の人からすると、「東京」と一括りにして「都会」「おしゃれ」「金持ち」というイメージを持つかもしれないが、そんなことはない。

朝っぱらから商店街で酒を飲んでいる人が多いし、それを街全体が許容している庶民的な街である。そんな街で幼少期をすごした。

ここで生い立ちについて語るのには、理由がある。

僕は、テレビやイベントに呼ばれてコメントを求められることが多い。すると、

「変わったやつが、変なことを言っている」

そんな意見をたまにもらったり、ネットで見かけたりする。

そう言われたところで、僕は相手を変えるようなことは特にしない。けれど、前提や予備知識が異なることによる「ズレ」は解消したほうがいい。

そのほうが、新しい知識や情報を得られると思うからだ。

前提が異なると、物事の受け取り方は異なる。

「月5万円あれば暮らせます。残りは貯金に回してください」

僕がそう言ったとする。

「なるほど、わかりました！」

と素直に受け取めて実行する人と、

「いや、それはお前だからできるんだろう」

と反射的に批判する人に分かれる。

これは、「**前提条件**」が異なるから起こる。この章の重要テーマだ。

僕は、若いうちの貧乏体験は、できるだけしておいたほうがいいと思っている。

なぜなら、給料が下がったり、リストラに遭ったりしたときに、生活レベルを下げることが「感覚的に」できるからだ。

この「感覚的に」というのが大事である。

「理論的にわかっている」と「感覚的にできそう」は、似ているようで全然違う。どう違うのか。

「誰だって1円玉くらいは頭を下げてお願いをすればくれる。だから、1億人から1円玉を集めれば、1億円が手に入る」

これは、理論的には正しい。けれど、感覚的にできることではない。

こういう例は他にもたくさんある。

新しい商品やサービスが出てきたときに、「自分も同じことを考えていたのに！」と思うことがあるかもしれない。

けれど、頭でわかっていることと、実際にやることは全然違う。野球を観ながら頭の中でホームランを打つことは誰にだってできるからだ。

さて、話を戻そう。

「月5万円あれば暮らせます」

こう言われたときに、学生時代や社会人1年目のお金がなかった頃を思い出し、感覚的に「貧乏だったけど、それなりに工夫してやってこられたな……」と思える人は、僕の話を理解してくれる。

一方で、子どもの頃から何不自由なく暮らしてきて、実家暮らしで給料のほとんどを自分へのご褒美に使ってきたとしたら、理解できないだろう。

「この人は特殊な考え方をする人なんだ」

そんな小さな意識のズレは、人を排除することにつながりかねない。

ズレを乗り越えるには、どうすればいいのだろう。

ということで、こう考えてみよう。

「この人とは『前提』が違うんじゃないか？」

考え方が異なる人が現れたら、この言葉を思い出して自分の頭で考えてほしい。そうすることで、偏見がインプットに変わる。

違和感を楽しめる思考や目の前のことを楽しめるスキルは、長い人生でもきっと役に立つはずだ。

ということで、準備は整った。

なぜ、僕が、「働かなくてもいい」と思えるのか。

その思考が形成された状況を話していこう。


北区赤羽を説明するときに、こんなエピソードがある。

山田孝之《やまだたかゆき》さんが主演の「東京都北区赤羽」というドキュメンタリードラマがあった。

原作は、タレントの壇蜜《だんみつ》さんと結婚した漫画家・清野《せいの》とおるさんの作品だ。

赤羽が舞台で、ちょっと頭のぶっ飛んだ人がいっぱい出てくる。

ドラマの撮影で山田孝之さんがちょっと病んでいたときに清野さんのマンガを読み、「俺にいま必要なのは赤羽だ」と言い出して、赤羽に住みはじめようとする。

そして赤羽の商工会議所に行き、山田さんが、

「僕、赤羽に住みたいんです」

と話をしたら、そこの所長が、

「やめたほうがいいよ」

と言い放ったという。

有名俳優が赤羽に住むと言っているのだから、本来ならば喜んで受け入れるべきなのに、そう言わなかった。

その程度の街だ。


僕が通っていた小学校の9割くらいの子は団地に住んでいた。主に「桐《きり》ヶ《が》丘《おか》団地」というエリアだ。それ以外の1割が一軒家グループで、かなりマイノリティだった。だから、僕の中では団地に住んでいる人たちが「普通」だったのだ。

そのころからずっと思っている疑問は、一軒家を持つと、壁の掃除はどうするんだろうということだ。あんなに大きなものを所有する感覚が理解できなかった。理由は単純で、持て余すからだ。

モノを手にいれるということは、その後のメンテナンスを引き受けるということだ。

そう考えると、モノがないことも豊かさだと捉えることができる。

先ほどのエッグスタンドの話と同じなのだ。

「卵専用の食器がある」。家が裕福かどうかなんて、この程度の差だ。

団地はお金を払えばそのまま住める。買ってきたらそのまま食べられるインスタントな感じがして便利だと思った。

当時、2LDKで2万円ほどの家賃だった。JR赤羽駅が近いわりに破格の安さだ。

ただ、僕がいたのは、正確にいうと桐ヶ丘団地群の横にある「国税局宿舎」だった。

構造上ほぼ団地で、国税局の職員だけが住めた。

国税局宿舎なので、もし職員である親が亡くなると、1年以内に出ていかなきゃいけないルールだった。いま思うとシビアな設定だ。

桐ヶ丘団地群と国税局宿舎、さらにもう1つ分譲の団地があった。

分譲の団地群は、いま思うと金持ちが多かった。

子ども部屋おじさん

いま、ネット上では「子ども部屋おじさん」というスラングが流行っている。

20歳を過ぎても実家に住み続け、子ども部屋にいるまま、勉強机やベッドを使い続けて30歳、40歳、50歳……になっていく独身の人たちのことだ。

晩婚化と高齢化が進み、子ども部屋おじさんが増えていっている。

こうやって新しい言葉が出てくると、突如、新たな人種が現れた気がするだろう。

草食系男子、毒親、ひきこもり、モンスター部下……。

しかし彼らは、あるとき突然現れたのではない。

「昔からずっといた」のだ。

ニートという言葉も、2004年頃に使われはじめた言葉だが、それ以前にもニートはいたし、江戸時代にもいたし、きっと原始時代にもいた。

急に言葉が生まれて、しかも批判に晒されているときは、こう考えよう。

「彼らは太古からずっといた」

幸いなことに桐ヶ丘団地には、生活保護の大人がすごく多かった。

子ども部屋おじさんも、ニートも、うつ病の人も、僕のまわりにはずっといた。

だから、大人が働いていない状況を、僕は当たり前に感じられる。

離婚もそうだ。

当時、よく遊んでいた友達がいた。

その家には、お父さんとお母さんがいた。けれど、離婚をしていた。

団地に住んでいると、共働きで収入が増えると、それに応じて家賃が高くなってしまう。

それを避けるため、離婚届を出し、母子家庭や父子家庭になることで家賃が上がらないようにしていた。

家賃を安くするために離婚をするのが、団地内では普通だった。だから、どこの家庭が離婚していたって、みんな驚きもしなかった。子ども心にみんなわかっていた。

戦略的に離婚をしている人たちがまわりにたくさんいたのだから、書類上の夫婦関係なんて生き延びていく上では、「しょせん紙切れなんだ」と思う。

守るべきラインはどこにある

家庭によっては、子ども部屋おじさん・おばさんである息子や娘が家にいることを恥ずかしく思う人たちがいる。

桐ヶ丘団地の場合、子ども部屋おじさんがたくさんいすぎたので、「あそこんちの子は何してんだろうね」「昼間ぷらぷらしてるけど大丈夫かね」と、よその人が日常的に心配する光景をよく目にした。

それがそんなに悪いことだと思っていなかったようで、親御さんたちも隠そうともしなかった。

守らなければならない世間体のラインが、異様に低かったのだ。

当時は、家に鍵をかけることもあまりしなかった。

そもそも物を盗みにくるような人は、貧乏人ばかりいる団地には来ないだろう。みんな物を持っていないのがわかっているから、お互いに奪い合うこともない。

物やお金を持つと、それを守りたくなる。

それは、ステータスやプライドのような「見えないもの」についても同じだ。人は知らず知らず、最低限の守るべきラインを設定してしまっている。

しかし、守るべきラインを高めに決めてしまうと、それを維持しなければならない。維持するコストが発生する。

ただ、守るべきラインが低めの桐ヶ丘の住人たちは、守るべきものも少なく、ラクに暮らしていた。

仮に生活保護になっても同じ団地にずっと住めるので、そんな人たちもたくさんいた。働きたければ働けばいいし、働きたくなければ生活保護で暮らせばいい。

いずれにしても彼らの生活は何も変わらない。

だから、よくできたシステムだったのだ。

子どもも多くて、みんなが貧乏でヒマだった。

その地域全体で子育てをする感覚があった。よその家の子どもをみんなが知っているので、友達の家でごはんを食べたり、泊まり合ったりした。

いまでいうシェアハウスの原型のような「支え合い」がすでにあった。

貧乏だった団地の光景は、一周まわっていい環境だったんじゃないかと最近思うようになってしまった。

ただ、「昔に戻ればいい」と言いたいわけではない。

「共同体」のような生態系の中で、競争せずにダラダラ過ごせる支え合いが大事なのではないかと思うのだ。

大人になり、他の地域の人たちと話すようになってくると、自分の当たり前が当たり前じゃないことに気づく。あるいは、別の地域で暮らしてみると、基準の違いが見えてくる。

ということで、僕は「働かないといけない」という感覚が圧倒的に乏しい。

その理由はもう1つある。

僕の父親の職業は税務職員である。つまり、公務員だ。

公務員には金を稼ごうという商売っ気がない。何をしているのかも実態はよくわからなかったし、家庭で仕事の話もしなかった。

「今日は大事なプロジェクトがあった」

「今月は会社で1000万円を稼いだよ」

もし、そんな話を子どもの頃に聞かされていたら、もう少し働くことに執着のある性格になったのかもしれない。

親は放任主義だった。

高校3年生のときに飲み会をして自転車で帰っていたところ、警察に見つかって交番に連れて行かれたことがあった。父親が呼ばれたけど、ずっとヘラヘラと笑っていたのが印象的だった。

そんなに大したことはしていないし、特に誰にも迷惑をかけていないことはわかっていたのだろう。

「悪いことだから怒る」という教育をされていたら、もう少し社会的な大人になったかもしれないが、そうではなかった。

教育や環境の話は後のエピソードで詳しく掘り下げるので、この章では「前提条件」を語るに留めておく。

さて、団地にいた友達で、一人はヤクザになり、一人は右翼になったそうだ。なんかそういうのもわかる気がするのだが、まわりの人にこういう話をしても、反応は2つに分かれる。

「ヤバいね」と思うのか、「そういうこともあるね」と思うのか。

人によって、「ヤバい」の基準は異なる。

上司に怒られたらヤバいのか、無職になったらヤバいのか、借金を背負ったらヤバいのか、家を失ったらヤバいのか。

あるいは、僕のようにわりとどれも普通だと思うのか。

一度、自分の「最底辺＝ヤバい」を考えておくのがいいのかもしれない。

「自分はどうなったらヤバいと感じるのか？」

僕の小学校の友達に、ある日、金貸しから督促状が来たという。

まったく身に覚えがないから調べてみると、弟が兄の免許証を盗んでその名義で金を借りていた。

「返さないんだったら警察に弟を突き出すけどどうする？」

と脅され、仕方なく兄は代わりにお金を返したそうだ。

そんな話だって身近にざらにある。

しかし、世の中には、大学に行けなかっただけで「もう人生は終わりだ」と感じてしまう人もいる。

そうやって基準が高いところにあると、生きにくいだろう。

僕のまわりは団地出身の人が多くて大卒は少数派だが、食いっぱぐれて死んだ人なんて見たことがない。「自分は底辺だからダメだ」などと腐ってしまいがちな人も、自分より生きにくい人がまわりにいると、ダメだとは思わないはずだ。

社会の底辺と呼ばれる人たちの場所に行ってみるほうがいい。

若いうちに貧しい国を見ておくのがいいだろう。

どうしても行くのが難しいなら、本や映画などで見ればいい。ビジネススキルを身につけるより、よほど役に立つ。


アメリカとメキシコの国境あたりは、危険地域として有名だ。

大学生の頃、メキシコのティファナという町に旅行したことがある。世界でもっとも危険な地域として知られる場所だった。

また、「ブレイキング・バッド」という海外テレビドラマでは、マフィアの本拠地としてアメリカとメキシコの国境が描かれ、主人公が大麻王へと変わっていく様が印象的だ。その町は、エル・パソ（アメリカ）とシウダー・フアレス（メキシコ）という。一度、そこにも旅行に行った。

「治安が悪い」と言われていて、面白そうだと思ったのだ。

メキシコのほうに国境を越えると、街は閑散としていて、マーケットのような場所は100店舗の店のうち5つほどしか開いていないような廃墟になっていた。

「この町は死んでいるな」と思い、国境のほうに戻って逆側に行くと、商店街があった。そこでは人々が普通に暮らしていて、おしゃれなカフェもあった。

実際に行ってみると楽しそうに商店街でピザを食べていて、僕はタコスを頼んでみた。食べてみると、たしかにおいしい。

「治安が悪い」というイメージは、思考停止ワードのひとつなのかもしれないと思った。

底辺と呼ばれている場所でも、住民が楽しそうに暮らしているのであれば、別に他人がどうこう言わなくてもよいのだ。

先ほどの「世間体を守りたがる親の問題」もそうだ。世間体を守って、いったい何を得たいのだろうか。

誰かに迷惑をかけないほうがいいのはわかるが、家にひきこもりの子どもがいたり、無職の子どもがいることは、別に誰の迷惑にもならない。

上を見て比べるのはバカらしいけど、下を見て落ち着くことを、僕は否定しない。上を見たらエッグスタンドだと思う。下を見たら自分のほうがマシだと思う。

考え方次第でラクになることは、スキルとして持っておこう。親も教師も言わないかもしれないが、それが「生存する」ということだ。

弱者の論理

人のダメさを認められない人が多い。エリートのような人の中にも、一皮むけば悪さをするような人だっている。完璧な人はいないことを誰だってわかっているはずなのにだ。

僕の小学校の頃を思い出すと、学校の先生から怒られずに帰ってきた記憶がない。友達にいたずらしたり、授業とはまったく別のことをしていた。

たぶん、ADHD（注意欠陥・多動性障害）だったのだろう。

注意されても自分が納得できないと反抗して、なにかと先生と揉めていた。

つまらない授業のときはマンガを読んでいたし、それを注意されても「役に立たないからマンガを読んでるほうがマシです」と答えていた。

ダメにもわけがある。

ダメなものから目をそらすより、ダメをダメとして直視したほうがいい。

団地時代の友人で、ひきこもりになっているというので、存在が気になっているやつが1人いた。

彼は後に、ニコニコ超会議というイベントに遊びに来た。

「おう、久しぶり」と話した。

話を聞いてみると、うつ病になっているようで、やる気が湧かないから家でずっとごろごろしているそうだ。新しいことをしようという考えにいたらない。いつものルーティンワークはできても、それ以外の行動をしようとすると、心理的にコストが高くなる。

ちょっと外に出たり、人に電話をかけるだけでも体力を使う。

パソコンに詳しくないうちにそんな状態になったら、パソコンの操作の習得から、プロバイダとの契約まで、1つ1つの行動のハードルがとても高くなってしまう。

親がダメだからそうなったとも言いがたいし、本人の意思でどうこうできる問題でもない。

「そういうことになってしまった」と、その状態を受け入れるしかない。

そして、団地という箱は、彼のような存在を受け入れてくれる。

ただ、新規で団地に入ることは難しい。入居者がいっぱいで受け入れてくれないそうだ。

いま、桐ヶ丘の団地群を全部まとめて新しくする計画が進んでいるという。大きい高層ビルを1つ造り、そこに全員を移動させて、他をすべて壊してしまうということを、20年ほどかけておこなうそうだ。

僕の親の世代はけっこう残っているという。みんな知り合いだし、家賃も安いし、別に移動する必要がない。

国が勝手に大規模修繕をやってくれるのでリスクが何もないのだ。

そういう意味でも、早くから団地に住んでいる人はおいしい目を見られていると思う。こういう権利を「既得権益」と呼んで批判する人がいるが、僕はそうは思わない。

持っている権利は、主張したほうがいい。次の言葉を覚えておこう。

「人は権利を守る生き物だ」

自分の利益は、誰も守ってくれない。自分で守ろう。

守りながらも、既得権益を壊そうとする動きがあるならば、逃げられるようにしておく人が賢い。

会社員として働いているとしたら、どの会社にも「働かないオジサン」や「自分の仕事を囲い込む人」がいると思う。

彼らは彼らのロジックで動いているはずだ。

弱者には弱者の生存方法がある。

人を判断するときに、守りに入る人を攻撃したい気持ちはわかる。ただ、それに気を取られて消耗している場合ではない。

自分の人生は自分で守る時代なのだ。

一度でも安い団地に住める権利を手に入れてしまえば、その後、普通に稼げるようになったとしても、代わりに親戚を住まわせたりするパターンもある。

風呂なしの団地も多かったが、文句が出て無理やり風呂を付ける工事を全部の部屋におこなった。ベランダの一部にはめ込む風呂を付けたのだ。小学生の頃、そういう家を普通に見ていた。

いま思うと、借りた場所に住んでいるのに、そんな大規模な内装工事をしてしまって大丈夫なのかと思ったりする。

しかし、彼らには「一生この団地に住むぞ」という覚悟があったのだろう。

覚悟を決めた人は、しぶとい。プライドを守るのが強者の論理なら、権利を守るのが弱者の論理なのである。

チャンスの前髪を捕まえよう

さて、そろそろ大事なことを書いておこう。

なぜ、ここまで「前提条件」の話をしたかというと、あなたが「チャンスを掴む人」になるためだ。

どういうことか。

そもそも人が働いているかどうかは、パッと見ではわからないものだ。机の上で手を動かしていたら働いているように見えるが、何も考えていないかもしれない。

逆に、深刻な考え事をしていても、ボーッとしてサボっているように見える。

「序文」でも述べたとおり、僕は考えるタイプの人間だ。

ゴロゴロしながらゲームをしているようなときも、頭の中ではずっと思考している。

「自分は努力をしたくないんだ」と割り切っている人は、それなりにちゃんと考えている人だ。

「頑張ればなんとかなるかもしれない」と、普通の人は思ってしまう。

しかし、これが意外と危険であると思うのだ。

チャンスというのは、突然やってくるものである。

本を読んで知識を蓄えていたり、一生懸命に人脈を広げたり、情報のアンテナを張ったりすることは努力でできる。

それは、チャンスが訪れる可能性を高めることである。

しかし、チャンスは一瞬で目の前を通り抜ける。

「幸運の女神の前髪」という話がある。

幸運の女神には後ろ髪がついていないから通り過ぎたら掴まえることはできない、という例えだ。

あるとき、あなたの元に起業メンバーにならないかという誘いがくるかもしれない。当日誘われた飲み会に運命の人が来ているかもしれない。それもこれも、つねに「余裕」を持っていないと掴むことはできない。

また、順風満帆な人生にピンチがやってくるときもある。

そんなときも、スケジュールに余白がないと頭の中はパンクしてしまい、視野はどんどん狭くなる。

ヒマは全力で作っておいたほうがいい。時間は余るものじゃない。作り出すものだ。

世の中には、予定をパンパンに詰め込んで片っ端から対処するタイプの人もいる。

その場合、幸運の女神が現れたら、両手はお手玉をしながら器用に前髪を掴めるのかもしれない。

ただ、凡人には難しい。

少なくとも片手は空けておかないと、チャンスを掴むことはできない。

「努力で解決しよう」「頑張ればなんとかなるかも」と考えている人は、つねに両手が塞がっていてチャンスを取り逃がす。

「片手はつねに空けておけ」

これが本エピソードでいちばん伝えたいことだ。

ビジネスチャンスが目の前に現れたときに、右手に会社員としての立場、左手に一家を支える大黒柱という状態だと、きっとスルーしてしまうだろう。

サッカー選手の本田圭佑《ほんだけいすけ》さんは、こう言っている。

「みんなシュートの練習ばかりをする。けれど、そのシュートにつなげるために、敵を抜いたり、いい位置にボールを持っていくことのほうが重要だ。それができて初めて、シュートを練習する意味がある」

チャンスを掴む話と似ている。チャンスを掴む練習より、いつでも掴める状態にしておくことのほうが重要なのだ。

僕の場合は、「面白いな」と思ったビジネスにとりあえず出資することがある。最近では、クリエイターを用意して、広告代理店が応募を持ってきて、動画を作らせるようなことをしてみた。

目新しいものではなかったが、絡む人たちが面白そうだと思ったのだ。内側でそれを見る権利を得られるし、失敗したら失敗したで、「ダメだったね」と言って笑って終われる。

このとき、会社を作ったり、株を買ったりするわけだが、「儲けたい」という気持ちは小さい。

遊びの延長であり、そこの輪に入るための入場料を支払う感覚に近い。なけなしのお金をかけて起業したり、自分の生活を追い込むようなパターンは、おすすめしない。

世間では学生起業して成功するＩＴ起業家の話が有名だが、彼らは決して無の状態で大学を中退して自分を追い込んだわけではない。

ヒマで面白がってはじめたビジネスがうまく回りはじめ、どんどん規模が大きくなっていき、次第に授業に出る時間が取れなくなる。そして、まずは休学を選択し、やむを得ず中退しているのだ。

これを勘違いして順番を逆にすると悲劇が起こる。

お小遣い制度の人にはわからないこと

「努力で解決する」と似たような思考がもう1つある。

それが、「お金で解決する」という思考だ。

たとえば、「終電を逃してもタクシーで帰ればいい」と考えるような人である。

そのお金を稼ぐために、どれくらいの時間をかけたのか。きっと考えたこともないまま、日々、浪費しているに違いない。

幼少の頃に「お小遣い制度」だった人は、お金が貯まりにくいという。僕は高校生になってからお小遣いをもらうようになったので、それまではお金がない状態でずっと暮らしていた。

「お金をくれ」と親に言うのもイヤだった中二病的なものだ。

小中学生ならばお金を使わなくても普通に暮らせる。そうすると、「使ったら減る」という感覚が鈍らない。

もし、幼少の頃から毎月決まった金額をもらえていたとしたら、「来月またもらえるから大丈夫だ」と思って使い込んでいただろう。

人は、予算を決めてしまうと、それを使い果たしてしまう。

買いたいものもそんなになかった。友達んちに行くとゲームがあるので、ゲームをしたければ友達んちに行けばいいし、やりたいゲームがあったら友達に「あれ、面白いらしいよ」と言えば買ってくれる。

子ども同士でマウンティングすることもなかった。何度でも書くが、うちの地域は基本みんな底辺だったのだ。

若いうちに、ムダにお金を使うことに対する嫌悪感が身についたのは、大人になってからトクをしていると感じる。

お金を使うのが楽しい人、買い物好きの人は、その性格のせいでたくさんのコストを人生で支払う。

そのぶんを働いて稼がなきゃいけない。

ガムシャラになれるかもしれないが、向いている人と向いていない人に分かれる。

僕の場合は、つねにこう考えるようにしている。

「お金がない。じゃあどうしよう?」

この思考が、脳をフル回転させる。

「他のもので代替できないか」

「自分で作ることはできないか」

「誰か頼める人はいないか」

そうやって自分の頭で考えるのだ。

お金で解決してしまう人は、物事をあまり深く考えていない。

また、お金でつながってしまった関係は、お金がきっかけで離れてしまう。

成功した起業家が落ち目になったとき、人がどんどん離れていってしまうのは有名な話だ。

お金で解決するかどうかの原体験こそが、幼少期のお小遣い制度だと思う。

金回りがいいのは、母子家庭や生活保護の家の子どものほうだった。親の金銭感覚が狂っているせいで、子どももそれを引き継いでしまう。

中学生で小遣いを毎月1万円もらっているやつもいたが、いま思うと、あの家は母子家庭で大変だった。

僕のいた地域では、ヤンキーになるほうが主流派で、彼らはまともな社会人になって家庭を築いて真っ当な人生を歩んでいる。仲間を大事にしたり、体力があるので、お金以外のエネルギーがあるからだろう。

そのエネルギーがないのなら、頑張って貯金体質になっておいたほうがいいかもしれない。自分のタイプを見極めて上手にお金と付き合っていってほしい。

さて、この章では、僕の幼少の頃の話をしながら、思考の原点を説いてきた。

ただ、僕の実家だった国税局宿舎はすでになくなっている。僕が通っていた小学校と中学校も少子化が理由でなくなった。幼稚園も通っているときに潰れて、別のところに移ったが、そこも潰れてしまった。

こうして僕の思い出の場所は、どんどんなくなっていく。

幼稚園、小学校、中学校と潰れていき、高校は赤羽の隣にある板橋だったので健在だが、地元で通っていた場所に限ると、すべて跡形もなく消えていった。

だから僕には、「地元がちゃんとあって、それを守っていく」という感覚が抜け落ちているかもしれない。

でも、そのほうがラクだ。懐かしむ時間も少ないし、しがみつくものもない。

僕はつねに、両手を空けた状態で生きている。

エピソード2

壺に何を入れるか

——「優先順位」の話

1996年。僕は一浪を経て中央大学に進学した。

受験勉強をしたくないから、用語集の一番薄い政治経済を選び、自分の学力で受かる大学を受けた。

受験はマークシート式で、最小限の労力で乗り切った。決して東大を目指すようなことはせず、「大卒」のカードだけを持っておこうと思った。

僕はそうやって生き残ってきたタイプだ。大学に入っても、学問を修めるという意識はなく、最短で単位を取りながらダラダラと過ごすモラトリアム生活を満喫した。

時間が有り余ると、何かがしたくなる。

バイト代わりの暇つぶしにと、仲間たちとホームページ制作の会社「東京アクセス」を立ち上げた。

学生起業をした後、1年間、アメリカに留学しながら、

「このまま就職しなくても生きていけそうだな」

と考えるようになっていった。

次はそんな、レールを外れていってしまった瞬間の話をしていこう。

大学生に話しておきたいこと

若い人、特に大学生からよく聞かれることがある。

「いまのうちに何をしておけばいいですか？」

という質問だ。答えは簡単だ。

大学生なら普通に勉強して卒業すればいいいし、基本的に「やりたいこと」をやればいい。

本音ではそう思うものの、何をすべきかを決めるための思考法があるので、その話からはじめよう。

たとえば、『サードドア』（東洋経済新報社）という本の中では、ウォーレン・バフエットのこんな話が出てくる。

これから1年で達成したいことを25個書き、その中で3ヶ月以内に達成したいものを5つ選ぶ。残りの20個は、「やらないことリスト」としていったん日常から捨てて忘れてしまうようにする。最初の5つに絞るのがポイントだ、という話。

なお、この話はバフェットが実際にやったことではなかったことが本の中で明らかになるが、「なるほど」と思わせる魅力がある。

もし、僕が学生たちの前で講演をすることがあったら、1つの話を披露しようと思っている。

ネット上で有名な「この壺は満杯か?」の話だ。

知っている人もいるかもしれないが、知らない人も増えているようなので、少し長いが引用しておこう。

ある大学でこんな授業があったという。

「クイズの時間だ」教授はそう言って、大きな壺を取り出し教壇に置いた。その壺に、彼は一つ一つ岩を詰めた。壺がいっぱいになるまで岩を詰めて、彼は学生に聞いた。

「この壺は満杯か？」教室中の学生が「はい」と答えた。

「本当に？」そう言いながら教授は、教壇の下からバケツいっぱいの砂利を取り出した。

そして砂利を壺の中に流し込み、壺を振りながら、岩と岩の間を砂利で埋めていく。そしてもう一度聞いた。

「この壺は満杯か？」学生は答えられない。

一人の生徒が「たぶん違うだろう」と答えた。

教授は「そうだ」と笑い、教壇の下から砂の入ったバケツを取り出した。

それを岩と砂利の隙間に流し込んだ後、三度目の質問を投げかけた。

「この壺は満杯になったか？」

学生は声を揃えて、「いや」と答えた。教授は水差しを取り出し、壺の縁までなみなみと水を注いだ。彼は学生に最後の質問を投げかける。

「僕が何を言いたいのかわかるだろうか？」

一人の学生が手を挙げた。

「どんなにスケジュールが厳しいときでも、最大限の努力をすれば、いつでも予定を詰め込むことは可能だということです」

「それは違う」と教授は言った。

「重要なポイントはそこではないんだよ。この例が私たちに示してくれる真実は、大きな岩を先に入れない限り、それが入る余地は、その後二度とないということなんだ」

君たちの人生にとって「大きな岩」とは何だろう、と教授は話しはじめる。

それは、仕事であったり、志であったり、愛する人であったり、家庭であったり、自分の夢であったり……。

ここでいう「大きな岩」とは、君たちにとって一番大事なものだ。

それを最初に壺の中に入れなさい。さもないと、君たちはそれを永遠に失うことになる。

もし君たちが小さな砂利や砂、つまり、自分にとって重要性の低いものから壺を満たしていけば、君たちの人生は重要でない「何か」に満たされたものになるだろう。

そして大きな岩、つまり自分にとって一番大事なものに割く時間を失い、その結果、それ自体を失うだろう。

さあ、どう感じただろう。

人生において何を優先させるかは、一度じっくりと考えておいたほうがいい。

「自分にとっての『大きな岩』はなんだろう?」

つねにそれを問いかけてみよう。

そしてできれば、言語化して人に伝えるのがいい。

「私にとって『食事』は重要なので、テキトーなお店の飲み会には行きません」

「年に1回は『海外旅行』に行きたいので、前もって休みを宣言します」

「『子どもとの時間』が大事なので、17時ちょうどには必ず退社します」

こういうことは、堂々と表明しておいたほうがいい。もし何かを言われても、言い返せるように理論武装しておいてもいいかもしれない。

優先することを決めて、そのとおりに動く。

「**優先順位**」がこの章のキモである。

それこそが、毎日を幸せに生きるコツだと思うからだ。

僕にとっての大きな岩は、「睡眠」だ。

遅刻しようが何をしようが、「いま、寝たい」という気持ちを一番大事にしている。後で怒られたら、土下座してでも謝る。

そのことは知人や友人、仕事相手にも、堂々と宣言している。

仕事なんてものは、僕にとって砂利や砂や水にすぎない。それらを先に壺に入れてしまうと、どうしたって睡眠を削らなくてはいけない。

そんな人生は、死んでもイヤだ。

最初に買ったパソコン

意外かもしれないが、大学はほぼフル単位で卒業した。すべての授業に出ていたわけではない。出なくても単位が取れる授業を選び、最短距離で卒業をしたと思っている。卒業証書をもらうために大学に入ったので、出席した授業の単位を落とすことほど時間のムダはない。だから出る以上は全部取る。成績は悪かったが、卒業証書には成績は書かれないのでオッケーだった。

大学生活では、たくさんの時間が余った。

1997年、大学1年生の冬にパソコンを買った。

中古のダイナブックで10万円くらいで、「これでようやく家でインターネットができるのか」と思った。

その10万円の元をとろうと思い、懸賞サイトに片っ端から応募した。時間をムダにしないために、時間泥棒になるサイト（掲示板やアダルトサイト）は見ないというルールを設けた。

当時はまだ面白いサイトも少なかったので、一通り見終わったら、今度は「自分で作ってみよう」と思った。

初めて作ったのは、「交通違反の揉み消し方」というページだった。法律の抜け穴を考えるのが好きで、役に立つ情報は進んでシェアする感覚が当時からあった。

人生の壺に入れる大きな岩に「睡眠」を選んだということは、「サラリーマン生活ができない」ということだ。

朝早く出社することを諦めて、できないことがハッキリすると、それでもなんとか生きられるように逆算して物事を考えられる。

大学2年の春に、僕は仲間たちと起業をした。理由は暇つぶしだったのだけれど、世の中はインターネット黎明期。次第に仕事がたくさん舞い込むようになった。

大学3年のときにアメリカのアーカンソー州立大学に留学をした。アメリカの田舎は本当に何もないところで、膨大な時間があった。

留学中にもホームページ制作の仕事を続けた。

「こうやって外国でもお金が稼げるのなら、日本にいる必要もないんだな」

そんなことに気づいてしまった。

日本の枠組みから抜け出しても生きられることがわかったので、いつでもどこでも暮らしていける自信が芽生えた。

海外で人間関係がゼロでも、そこから友達を作る経験をすると、どこに行ってもなんとかなると思える。それが、現在のパリの暮らしにも通じるわけだ。

日本がずっと1億人くらいの人口を維持し続けられるのなら、僕も日本に残る選択肢はあったかもしれない。

けれど、この先、人口が減っていくのであれば、日本に残るメリットは少ない。

バブルの時代を経験した人は、「日本もそのうちなんとかなる」と信じている。時代がよいと、何もしなくてもなんとかなってしまう。

でも、僕らは違った。

僕の世代は就職氷河期だったので、ちゃんと自分の頭で考えてロジックを組み立てないと生きていけなかったのだ。それは、インターネット的な世界にも通じる。

ネット上の意見を観察していると、ロジックが勝つ場面が多々ある。

「Aはいいけど、Bは悪い」

「いや、Aが悪くて、Bがいい」

そんな議論が巻き起こり、最終的にはロジックが正しい意見が勝つ。集団としての判断、つまり集合知が働くのだ。

ただし、そういうものが働かないときもある。

アイドルの好き嫌いなんかはそうだ。かわいいか、かわいくないかは主観による。

「ロジックの世界」が通じる場所と、それ以外の「趣味の世界」がある。

「これはロジックの世界か、趣味の世界か?」

趣味の世界のときは「どっちでもいいよね」と判断するようにしている。好きか嫌いかを議論するのは、プロレスごっこをしているようなものだ。

趣味の世界では真剣にならない。楽しむだけでいい。そう決めるだけで人生はラクになる。

昔だったら、会社でも家庭でも、閉じた世界の不条理なことを受け入れ、我慢を強いられて生きるしかなかった。

相手が年上だったり、高圧的だったり、声が大きい人がいれば黙って我慢するしかなかった。

しかし、インターネットの世界では、つねに「第三者たち」が傍観している。

「かわいそうだ!」

「あいつは裸の王様だ!」

そうやって援護され、炎上する。立場は関係なく、正しい意見を言える人が有利なのだ。

僕は間違いなく、インターネットの恩恵を受けたうちの1人だ。

そうやって僕はインターネットにどっぷりの人生を送ることになる。

捨てるものを決める思考法

「睡眠をとる」「大学を卒業する」と、優先順位をハッキリさせたことで、僕の人生は開けていった。

とはいえ、大事なことが多すぎて、頭の中がぐちゃぐちゃになる人も多い。

それはなぜ起こるのか。理由の1つは情報が多いからだ。

「この本は読んでおかないといけない」

「英語と中国語が話せないと生きられない」

そうやって情報の刺激を受け続けると、優先順位の軸は揺らぐことだろう。優先順位がハッキリせずに、できないことが増えていき、人生が不幸になっていく。

そこで、僕から「考え方の考え方」を1つ教えよう。

「それは修復可能か？」

という判断軸だ。

もし修復が可能だったら、後回しにしてもいいというルールである。

冒頭の「大きな岩」の話と組み合わせるといいだろう。

僕の場合、寝不足で頭の冴《さ》えない状態は、他の方法で修復ができない。寝ないとボーッとするのだから寝るしかない。

だから、睡眠を大事にする。

また、世の中の流れ的には、禁煙ムードだが、僕は僕の基準でタバコをやめない。タバコの吸いすぎで真っ黒になった肺の写真を見たことがあるだろう。

しかし、禁煙して10年くらい経つとキレイになることはあまり知られていない。肺だって細胞でできているので、10年もすれば全部入れ替わるのだ。つまり、肺も修復可能だと認識しているのでタバコはやめないのだ。

そうやって不可逆的に戻らないものを優先させると後悔が減る。

「勉強していなくて焦る」

「物を買ってしまいそうになる」

そんな瞬間に、「大きな岩はなんだろう？」「それは修復可能か？」と自問自答することで乗り切れる。

7日後にテストがあるとする。

まずやることは、「どれだけの時間があればいい点数がとれるか」を俯瞰して考えることだ。

もし、1日あれば大丈夫なのであれば、前日だけ勉強するようにして、それまでは思い切り遊べばいい。

多少の罪悪感を持ちながら遊ぶことほど楽しいことはない。

もし、早くから手を付けるタイプなら、最初の1日にやればいいのだ。

とはいえ世の中、何がムダなのかどうかは定義が難しい。学校の勉強が一生役に立たず、マンガで読んだ知識が使えることも多い。

ただ、後から手に入ったり修復が可能なものは、とりあえずムダのほうに入れておけばいいだろう。

物を買うにしても、別に明日でも買えるのであれば、いま買わなくていい。

僕が行列に並んだのは、小学校の頃に映画館で観た「ターミネーター2」くらいしか思い出せない。そんなものだ。

ただ、並ぶことが体験として価値に換えられるのであれば全然いい。

ユーチューバーが新発売のものをいち早く買ってきて箱を開く動画をあげたり、SNSで発信するようなことだ。

そうやって消費を体験へとつなげよう。

優先順位を決めるための思考法を持っておくと人生に有利だ。

利子だけで暮らそうとした

優先順位を決めたら、次はゴールだ。

ダラダラと大学生活を続けていた僕は、あることをきっかけに人生のゴールが決まってしまう。

それは、郵便局の定期預金の話だった。

当時、3%の利子が付く定期預金があったのだ。

「5000万円の貯金があれば、何もしなくても毎年150万円が手に入る」

そうなれば、一生ダラダラと過ごせると考えた。

夢のような話に聞こえるかもしれないが、1980年代のチラシを見るともっとすごい。

当時、ワリシンやワリショーなどで知られた「割引金融債」では、6％の利子になるものだってあった。100万円を預けるだけで、毎年6万円がもらえるのだ。

そんな時代だったら、貯金をしておけば、あとは何にもしなくてもお金が入るようになるから、いったん就職して頑張って貯金しようと思えたかもしれない。

ということで、大学生のときに、5000万円を貯めて利子で暮らそうと考えた。学生時代なんて、ひと月6万円も使わない生活だったから、5000万円を貯めれば、いまと同じ生活が永遠にできると強く信じた。

「じゃあ、5000万円を貯めるにはどうすればいいだろう？」

そんなことを考えるようになった。

人生のゴールが定まった瞬間だった。

「自分はどこのゴールに向かっているか？」

ゴールがあると、なんとなくでも向かって行っている方向がハッキリする。絵に描いた餅くらいのほうがちょうどいい。

あまりに具体的すぎる目標よりは、漠然と「こうなっていればいいな」という状態を想像してみる。

すると、なんとなくその方向に1つ1つの行動がつながっていくようになる。

「5000万円に向けて、特許を取って一発当てる必要がある」

頭の片隅にそのことがあるのと、ないのでは、日々の過ごし方が変わってくるのだ。

しかし、いまとなっては銀行の利子は、0・1%もない。

1億円を貯めたとしても、10万円。10億円でやっと100万円。当時の僕のような考え方になることは難しいかもしれない。

ただ、根本的には、「お金を使わない生活をしながら、ワンチャン狙って生きる」ということに変わりはないだろう。

一般的なサラリーマンのロールモデルはこうだった。

退職までに5000万円を貯金して、退職金で5000万円をもらえて1億円があり、利子は10万円で、年金が少しもらえる。

そんな豊かな生活が1つのモデルだったが、それもいまや一部の勝ち組サラリーマンに限られる。

さっさと考え方を変えて、自分のゴールと自分がやりたくないことをハッキリさせて、毎日を楽しく暮らしたほうが手っ取り早いかもしれない。

9つのバイトが教えてくれたこと

サラリーマン生活は向いていないと思ったが、イメトレだけで決めたわけではない。

僕にはあまり働いているイメージはないかもしれないが、学生時代はたくさんのアルバイトをした。

目的は、ヒマすぎる時間の切り売りだったが、それはそれで楽しむことができた。

ざっと挙げてみると、「コンビニ店員」「スーパーの総菜売り場」「ラーメン屋」「裏ビデオのチラシのポスティング」「携帯電話会社の電話応対」「塾講師」「掃除」「ピザの配達」「佐川急便」など、思い出せるだけで9つ以上のバイトをした。

だいたいどれも1年くらいは続いた。

まず、携帯電話会社の電話応対のバイトは印象的だった。

自分から営業をかけるのではなく、かかってくるものを受けるだけなので、楽しんでやることができた。

そこで学んだのは、「世の中には会話が成立しない人がいる」ということだ。

何人かに1人がクレーマーで、いきなり怒鳴ってくる人がいたり、こちらの言うことを理解できない人も多かった。

ランダムにいろいろな人と接する仕事は、早いうちにやっておいたほうがいいかもしれない。

「この人には、こういう対応をすればいい」ということを網羅的に学ぶことができる。

漫画でしか見たことのない「そうアルヨ」と話す中国人もいたし、わざわざ電話をかけてきて今の時刻を聞いてくるアナログなおじいさんもいた。

とにかくたくさんの人のパターンを知った。

そうやって楽しんで仕事をしていたので、バイト内で出世をして、携帯電話の故障だけを受ける窓口に部署替えをされた。

まったく社員の見張りがいない環境を手に入れることができた。ゲームボーイでポケモンをしたり、ジャンプを読みながら、「はい、それは申し訳ございません」と真面目な対応をしていた。

世の中、案外チョロいということをそこで見てしまった。

会社なんてものは、一見ちゃんとしているイメージがあるが、中に入ってみると、実態はそんなものだ。

「世の中はチョロいし、意外とちゃんと回っていく」

それを体験するだけで、ビジネスのハードルはぐんと下がるし、企業相手でも平常心を保つことができる。

バイトを経験せず、「こんなつまらない仕事できるかよ」と最初から思ってしまうようなプライドの高い人は人生で損をする。なんでも楽しめて、少しナメてかかるくらいのほうがいい。

「チラシのポスティング」という、一見、面白くもなんともなさそうなバイトも、意外と楽しめた。

チラシを配る地域だけを決められて、あとはサボらずに細かいところまでポスティングするだけの仕事だ。どうやらサボる人が多いようで、監視役の人がわからないようにたまに見張っていた。

あまり知らない地域を歩きながら、1軒1軒を回っていくので、ゲーム的な「コンプリート欲」が発動して、僕は細かく配ることに徹した。

いまだに笹塚《ささづか》のエリアについては詳しかったりする。

奥まった家やアパートにまで入り込んで、「こんな道があるのか」「ここにつながっているのか」「この家の構造はどうなっているのか」と考えながら無心で配っていた。

このバイトでも、褒められることが多かった。本人的には、何も努力しているつもりはなくても、こうやって評価されるのだと知った。

ただ、コンプリートが目的になっていたので、それに飽きたら、空き家を見つけて残ったチラシを捨てて帰っていたけれども。

世の中は高校生レベルで成り立っている

「仕事をゲーム感覚でやれ」というアドバイスは、他の人もよく言っているし、多くの本にも書いてあるので強調しないが、僕もそれを地で行っていた。

だから、もう1つ、「ピザ屋での配達」についても書いておこう。

ピザの配達は、地元の赤羽でやっていたので、最短で届けることをゲーム感覚にしていた。

普通だと1時間の平均で3軒を回るところ、僕は平均6軒を回ることができた。信号を通らないルートや抜け道を知っていたのだ。

とはいえ、人の2倍働いたからといって、給料が2倍になるわけではない。だから、1時間のうち30分は友達の家に寄ってゲームをしてから戻るということをしていた。

最小の努力、最短で結果を出すことを、当時から徹底していた。

ピザ屋のバイトで面白かったのは、制服を着ていると、どこに入っても咎《とが》められないことだ。

入国管理局にピザを配達したときは、届けた後、しばらく建物の中を探検していた。制服を着ていればうろうろしていても、まわりから見ると、「あの人、迷っているんだな」くらいにしか思われない。

どこにでも入っていける「装備アイテム」を手に入れたような感覚だった。

オートロックのマンションに入り込んだり、ちっちゃめのマンションの一番上のオーナーが住んでいるところを見に行ったり、普通なら入れないところに入ることを楽しんでいた。

求められていることは最低限やりつつ、いかに自分の楽しめるポイントを見つけられるか。これが働く上でのコツだった。

「世の中はチョロい」という話をしたが、人間なんて一皮むいたらそんなものだし、ろくなもんじゃないことは知っておいたほうがいい。

ピザ屋のときは店のジュースを勝手に飲んでいたし、僕の友達は配達のバイクのガソリンを盗んだりしていた。

いかに時給以上の得をするかしか考えなかった。

ただ、サービスを提供する側は、どうせそんなものだということがわかった。

他にも、友達がファミレスでバイトしていて、「ご飯の皿は洗わない」と言っていた。ご飯はこびりつくとなかなか取れなくてめんどくさいのだが、上からご飯を乗せたら絶対にわからないことに気づいたという。ちょっと下に落とした野菜だって、サッと洗ってサラダに入れて出したらわからないし、基本的にサービス業は信用できない。

バイトをしないまま新卒で企業に入ってしまうと、社会のそういった部分を見ないまま終わってしまう。

しかし、世の中の大半の仕事は、高校生レベルでもできることが多い。

ホワイトカラーの仕事だって、高校生の学力でできる仕事ばかりなはずだ。

一度、自分の仕事について考えてみてほしい。


「これ、高校生でもできるんじゃない？」


同じ仕事でも、高卒か大卒かで給料が異なる。大卒で偉そうにやっている仕事でも、高校生にマニュアルを渡せばできることも多い。

机に座って簡単な事務仕事をしているだけなら、おそらく高校生にだってできる。

そうであるならば、この先、不景気が続いたら、真っ先に切られる仕事であることに気づくべきだ。

すると、2つの戦い方が見えてくる。

「もっとレベルの高いことをやろう」と焦ったほうがいいのか。

もしくは、自分のいまのポジションを守ることに全力になるべきなのか。

高校生が集まっても回ってしまうような職場は、本当にクソ野郎ばっかりだった。ただ、世の中の底辺レベルが見られてよかった。

これがもし、大卒の会社員として彼らを管理する立場から接点を持ったとしても意味がない。上司がいる前では、彼らはマジメに頑張っているフリをするからだ。どうやって手を抜いて、どんなズルをしているかは、同じ立場でないと話してはくれない。

「こいつらダメだな」という状況をリアルに味わえるのは、たぶん学生時代だけだ。こういうことは、社会人になってしまうと体験しにくい。

僕のいまの年齢で突然コンビニのバイトをはじめたとしても、高校生は仲間だと思ってくれないだろう。

知らなくてもいいことかもしれないが、僕の場合は未知な部分をなくすことに喜びを感じる好奇心があるので、クソ仕事をやってよかったと心から思える。それが一生続くと地獄ではあるのだが。

キャパオーバーする瞬間

さて、ここまでのエピソードは、主に学生時代の話を元に、「優先順位」の付け方を書いてきた。

とはいえ、あらゆることを一度は経験しておかないと、「これは要らない」と判断することはできない。想像力だけを働かせることは案外難しいものだ。

ツラい経験はムダか、ムダじゃないか、という議論がある。

ここまで語ってきたように、アルバイトの経験はいまとなってはムダにはなっていない。「修復可能か？」という判断軸に照らし合わせるなら、学生時代のバイトは学生時代にしかできないから、二度と取り戻せない。

その点においてムダではなかったと言える。

それに、肉体労働や精神労働などを一通りおこなっておくことは、「自分にとってのストレスのポイント」を知ることになる。

ストレスを減らすことは、幸せな人生を送る上でなくてはならない発想だ。

たとえば、無心になって体を動かすことは案外ツラくなくて、コンビニでヒマな時間をボーッと過ごしているほうが、僕にとってはストレスが大きかった。

おそらく、それとは逆の人もいるだろう。

じっとしていることがストレスかどうかは、幼少の頃を思い出せばわかるかもしれない。机にじっと座っていられたタイプか、すぐに立ち上がったり周囲に話しかけたりするタイプだったか。

これは別に、どちらが優秀ということではなく、自分のタイプと仕事のタイプが完全に一致することが大事だ。

それが合っていないまま、ツラい仕事を続けていると、人生はどんどん不幸になっていってしまう。

「自分にとって何がストレスだろう?」

自分にとってのストレスを知っておくと、避けることができる。物理的に避けることもできるが、心理的に避けられるほうがメリットは大きい。

たとえば、職場で嫌みを言われたとしよう。

その場合、言い返すほうがストレスか、言い返さないほうがストレスか。

それは人によって感じ方が違うだろう。

言われて嫌なのは全員が同じだが、言い返すほうがストレスに感じるのであれば、ヘラヘラしてやり過ごし、「自分にとっては言い返して戦うほうがストレスなのだ」と思うようにすればいい。

それが、心理的に避けるということだ。

その判断軸は、自分で決めるしかない。

本章の大事な話は終わった。ここからは少し余談だ。ストレスの話と関連して、僕が興味深いと思うのは、男女による寿命の違いについてだ。

日本人は男性と女性の平均寿命が6歳くらい離れている。世界的に見ると、女性のほうが寿命が長いのは共通しているが、他の国は大体が3歳くらいの差しかない。

日本だけが、飛び抜けて男女差が激しいのだ。

何が原因なのかは、さまざまな仮説が立てられる。

よく聞くのは、奥さんが先に亡くなったら、残された旦那は3年以内に亡くなってしまうという話だ。

奥さんがいなくなることで家事などの覚えなければならないことが一気に増え、それがストレスになる。男性は女性に比べて早くから好奇心を失っているので、新しいことをはじめる気力が乏しい。

仮説ではあるが、一理ありそうだ。

僕と同世代の人を見ていても、40代でありながら目的を持って生きている人は、まだ若々しく見える。

逆に、目的がなくなってルーティンワークだけをしてオジサン化した人も多い。

20代くらいの人と一緒の職場にいる人のほうが、わりと見た目が若かったり、大学に残って研究職をしている人も見た目は若い。

地元に戻って地方の銀行などで働いている人なんかも、残業がほとんどなく、7時くらいには家に帰って夕食を食べているそうで、見た目は若いほうだ。

やはり、老いるかどうかはストレスの具合による。

そして何がストレスかどうかは人によるのだろう。

新しいことを諦めた瞬間に、見た目が一気にオジサンになるのであれば、好奇心はずっと持っておいたほうがいい。

新しい知識や考えに触れる習慣は絶対に持っておいたほうがいいし、エピソード1の話の繰り返しになるが、「変な人の変な考え」として切り捨てることもしないほうがいい。

人間にはキャパオーバーする瞬間がある。

たとえば、寒くて凍死するようなとき、ずっと寒さと戦って、死にそうだ、死にそうだと思い、どこかの瞬間で、「ああ、もう無理だわ」と諦めたときに死ぬのだという。手放すスイッチを、人はどこかで押す。

極限状態におかれても、かろうじて生き残る人と、早々に死んでしまう人がいるのは、その差があるのだろう。

メキシコの洞窟で、1ヵ月間、まったく何も食べないで生きていた人がいる。水だけはあったが、食べるものがなかったので、脂肪は完全に分解し、エネルギーとして使い切った後、今度は筋肉を分解しはじめた。

すると、激しい痛みが起こるらしい。その痛みにずっと耐え続けて、そして1ヵ月後に生還したというのだから、おそらく何度もスイッチを押す瞬間が訪れたはずだ。

僕のような怠惰な人間なら、1週間くらいで死んでいると思う。

そのスイッチを押す押さないが、先天的なものなのか、それともスポーツのようなもので培われたものなのかはわからない。

ただ、奥さんがいなくなった旦那が早く死んでしまう事実を考えると、「思考のクセ」に理由があると思えるのだ。

とりとめのない話をしたが、以上が優先順位の話であり、ストレスを避けたほうがいいという理由だ。

学生時代の起業仲間は、みんな普通に就職していった。

社長の僕だけが1人、会社に残った。

まわりに合わせるようなことはしなかった。

自分にとって大事なことは、自分で決めたのだ。

エピソード3
なくなったら困るもの
――「ニーズと価値」の話

1999年、「あめぞう」という掲示板サイトをヒントに、僕は「2ちゃんねる」を開設した。匿名で書き込める掲示板には、たくさんのユーザーが集まり、最盛期には1000万ユーザーを超えた。

ただ、当時の法律には、ネット管理人にとって不利な条件が揃っていた。

だから、続ける人はいなかった。たまたま僕だけが続けた。

世間では、「匿名」についての是非やモラルについての議論が盛んにされていた。

僕は、モラル的な良し悪しより、本質的な「ニーズ」が何かについて考えていた。

次は、そんな話からはじめていく。

できるけど、やりたくないこと

「好きなことを仕事にする」が時代の合言葉みたいになっている。

だが、取扱い注意の言葉だ。

仕事にするかどうかは脇に置いておいて、好きなものが何かをいったんハッキリさせるのは別にいい。

たとえば、僕の場合、ゲームや映画は完全に趣味なので、ムダなものだとわかりつつ、「好きであること」を表明している。

そして、人生の大部分の時間をそれに費やしている。

好きなことは、「自分はこれが好きだ！」と言えることであって、それ以外に特に理由をつける必要はない。

「好きなものは好き。だって好きだから」

これ以上に、何を語る必要があるだろうか。

ただ、他人からは「なんで好きなのか？」と聞かれることがある。これは実に面倒なことなので、「こう聞かれたら、こう返す」という適当な理由を作っておくといい。

難しいことではない。一段階だけ掘り下げれば、人は納得する。

「映画は2時間だけ別世界に行けるのがいいんですよね」

「ゲームをしていて、最短でクリアできるとドーパミンが出るんですよ」

それだけ言っておけばいい。

「何が好きかわからない」「好きなことが恥ずかしい」と言っている人は人生のほとんどを損している。人生は有限だ。多くの時間を好きなことに割いたほうがいい。

誰に言われなくても勝手にやっていること。それを好きだと堂々としていれば別にいいのだ。


前のエピソードでも書いたように、10代から20代にかけて、僕はインターネットにどっぷりの人生へ入っていく。

プログラムをいじることもしていたので、やがて「自分の手で作ってみよう」と思うようになった。

洋服のことが好きで、洋服のことばかり考えていて、そこに「裁縫のスキル」があれば、自分で服を作る。それと同じ感覚だ。

2ちゃんねるを作ったときは、エンジニアに頼むお金もなかった。まずはエンジニアのマネをして、自分で「Perl」というプログラミング言語を覚えるところから始まった。

プログラムといえど、誰かが書いたものだから、その人のやり方をマネすれば誰だって書けるようになる。楽観的に、そう考えた。

書き終えたら、レンタルサーバーで実際に動かしてみた。

「動いた。これは、いける」

そう思った瞬間だった。

そのときの僕には、2ちゃんねるが自分のサイトだという考えが乏しかった。

僕は掲示板というオープンな場を提供したにすぎない。

もし、公園で通り魔事件が起きたとして、公園を造園した人や管理している人が捕まるだろうか。

殺人予告がハガキで送られてきたとして、ハガキを作った人や郵便配達の人が逮捕されるだろうか。

悪いのは事件を起こしたり、犯行予告を書き込んだ犯人だ。ネット管理人もそれと同じ感覚だった。

だから僕は、何か事件が起きたら、その都度、ルールを作ることを提案していた。ユーザーたちが議論して、意見を出し合って、集合知に落ち着くだけだと思っていた。

しかし、当時の裁判では理解されなかった。

サイトを所有している以上、僕がすべてを決めているように捉えられた。

話を戻そう。

このエピソードで言いたい話は、「**ニーズと価値**」についてである。好きなことを仕事にしないで、できることを仕事にすることを僕は勧めている。

アイデアをアイデアとして終わらせないためには、現実的にできる「落としどころ」を考えるようにするのがポイントだ。

たとえば、1億人から1円玉を集める話は現実的ではないと先に書いた。

その場合も、学校の40人のクラスで、他の39人から1品ずつおかずをもらうことならできるかもしれない。実際に、僕はその方法で豪勢なお弁当を作るようなことをしていた。

「やりたい」と思えることを思いついたときに、「実行できるレベル」まで落として考えたり、「それに必要なスキル」が何かを考えるようにすればいい。

僕のように、プログラムを書くスキルがあれば、ウェブサービスとして実現できるかもしれない。料理が上手な人なら、思いついた料理を作ることができる。

世の中のことは2つに分けられるという。

「やりたいけど、できない」

「できるけど、やりたくない」

その2つだ。だから、みんな悩んでいる。

「やりたい」よりは「できる」から始めて、少し背伸びするくらいのレベルにすればいい。「やりたい」と「できる」の間を徐々に埋めるような感覚が近い。

最初から「できる」に「好き」という感情が絡むと、少しめんどくさい。センスの領域に入ってしまい、趣味にするのはいいが、安定収入にするのには向かないのだ。

仕事の正しい選び方

この世にあるものは、必要なものと必要じゃないものに分かれる。

あなたは仕事や会社を選ぶとき、必要なものを選ぶべきだと思うのではないだろうか。

「電気・ガス・水道などのインフラはなくならない」

「銀行や保険業界は安全だ」

「食品業界は廃れることがない」

これらはすべて、「社会」にとって必要なものだ。

就職活動のとき、誰もが考えることだろう。

あるいは、「自分」にとって必要なものを選んだ人もいるかもしれない。

「音楽がないと生きていけない」

「ゲームばかりしてきたから、ゲーム業界に行きたい」

必要かどうかを考えるときに、後者のように、「自分」が軸になっているほうがいいと僕は思う。

ただ、好きを仕事にするのは、先ほども述べたようにおすすめしない。業界を選ぶ基準にするのではなく、「体験」として、もう一段階、掘り下げてみよう。

「音楽がやりたい」→「大勢が一体になるライブ感を作りたい」

「ゲームを作りたい」→「何も考えずに没頭できる仕組みを生み出したい」

そうやって、「体験」にまで掘り下げると、会社や業界を渡り歩くことができる。


ここで僕の話をしよう。

２００６年頃から、ドメインの差し押さえや書き込みに関わる裁判などで、２ちゃんねるがニュースとして報じられることが増えた。

「法的な問題で潰れるのでは？」と騒がれたが、アメリカのサーバーを使っていたので、アメリカのサービスということになり、日本の法律は通用しなかった。

とはいえ、無法地帯のように見えて、ちゃんと手のひらの上でコントロールされていたとも見ることができた。書き込みに関する警察からの捜査には協力していたからだ。

それに、２ちゃんねるを潰したとしても、２ちゃんねる的な場所は存在し続ける。需要がある限り、サービスは形を変えて残り続ける。イタチごっこになるだけだ。

家の近くの行きつけの店が潰れたとしても、あなたはきっと別の店に通うようになるはずだ。コンビニが潰れても買い物はやめず、遠くのスーパーに行くだろう。

２ちゃんねるが成功した理由は、「匿名で自由に書き込みたい」という欲望があったからだ。ネーミングや機能が優れていたからではない。

「なくなったら困る体験は何か？」

これが、仕事をする上で考えるべきことだった。

根幹にある体験が何なのか、自分を止められない瞬間は何なのか。

それをつかみ切ることが大事で、好きかどうかはあまり関係ない。

2ちゃんねるのシステム自体は、誰でも作れる。同じスクリプトは誰でも書けるし、似たようなウェブサイトは存在していた。

ただ、なぜそれが面白いかの感覚はちゃんとわかっていた。だから、長く続けられた。成功の要因はそれだけだ。


2ちゃんねるの根幹にあるものは、たとえサービスがなくなっても、ずっと生き残る。2ちゃんねる的なニーズを、別のウェブサイトが満たす。

それがいま、ツイッターやヤフーのコメント掲示板、ユーチューブのコメント欄に流れているだけだ。

いくら技術が進歩しても、「使いたい」と思う人がいないとサービスは成立しない。

発明王のような人が、「自動卵割り機」みたいな発明をテレビで紹介することがある。しかし、これらは「ないと困る人」がいない。

エピソード1で紹介した「エッグスタンド」の話も同じだ。僕がエッグスタンドの必要性にピンとこなかったのは、そういう理由がある。

「2ちゃんねる的な場所」は、ないと困る人がいる。

「匿名で何かを吐き出す場所」は、絶対に未来永劫、なくなることはない。

「この体験が、なくなったら困るな」と、あなたがそう強く感じられるものを安定収入にするのがいい。あるいは人生を捧げてもいいかもしれない。

そこには第三者の意見が入る余地はない。

誰がどう思っているかは、どうでもいい。

ほかの誰でもない、「この自分」が困るのだから、自分でやる。

「喜んでいる人の笑顔が見たい」

「社会の役に立ちたい」

「市場性がある」

こんなものは、すべて後付けだ。あるいは、就活サイトが作り出したキレイゴトだ。

「それがないと自分が困る」

核にあるものは、これしかない。

出すぎた杭は打たれない

2000年代に、2ちゃんねるはどんどん大きくなっていった。とはいえ、2ちゃんねるの事業で利益が上がるわけではなかった。それどころか、トラブルが多くてビジネスとしては割に合わなかったかもしれない。

月250万円のサーバー代を捻出するために、バナー広告や出版でお金をまかなっていた。

起業してうまくいっている人は、派手な能力ではなく、地味なやりくり能力や総務のような事務処理能力があるのだ。

問題が起きたら、粛々と対処する。

そこに、「好き嫌い」の私情を入れる必要はない。


2008年には、2ちゃんねるのユーザーは1000万人くらいになった。

ユーザーの平均年齢は30歳くらい。活字メディアとして消費されていたのだろう。

2ちゃんねるの広告が儲かり、年商は1億円を超えた。

ただ、広告に頼るメディアは今後、厳しくなるという予感があった。新しいメディアが増えると、そのぶん食い合うことになり、薄利多売にならざるを得ない。

僕は上場をしなかった。

上場企業は、集まったお金をそのままにしておくことは許されない。

お金が余っているのなら、設備投資をしたり、企業買収をして、さらに株価を上げなくてはいけない。

ダラダラすることは許されず、競争のうずに巻き込まれるのだ。

僕の頭の中には、あの団地の光景がある。働かない大人たちを1つの箱に入れて、みんながダラダラと過ごしていた、あの思い出が。

ユーチューブは、グーグルに買収されたことで、ある意味「何もしなくていい企業」になった。

潰れる心配もなく、競争して頑張る必要もない。

日々、無数の動画がアップされているので、莫大なサーバーコストがかかっているだろうが、どれだけの広告収入があるのだろうか。たとえば僕がいた頃のニコニコ動画の場合、月に1000万円のコストがかかり、広告営業もしていなかったので、ずっと赤字の状態だった。

ユーチューブがここまでの規模になれたのは、「著作権を侵害したコンテンツを見られたから」という理由がある。もちろん、削除依頼を出せば消されてしまうが、そこにはタイムラグがあるため、一時的には見ることができてしまう。削除依頼が来ないものは、ずっと放置され続けてしまう。

あなたも、最初に見たユーチューブ動画は、テレビや映画、音楽など、著作権違反の動画だっただろう。

それを自分たちの売り物であるかのように言い張り、いまや世界一の動画サイトとしてブランディングしてしまったわけだ。

動画サイトが大きくなるためには、グレーな部分をひたすら攻めるしかなかったのかもしれない。


また、スティーブ・ジョブズが高校生だった頃に、無料で電話が掛けられる装置「ブルーボックス」を発明して大儲けした話は有名だ。

電話会社のシステムをハッキングして、電話料金をタダにしてしまうという、まさにグレーゾーンを攻めたビジネスだった。というより、明らかに違法であることを本人も認めている。

ブルーボックスという装置は、デザイン性にも優れていて、持っているだけでもカッコよかったという。まさに、後のアップル製品にも通じる考え方が表れていた。

こうやってインターネット界の覇者たちを観察していると、1つの結論に結びつく。

「物事は大きくなりすぎると、やがて『共存』する」

「出る杭は打たれる」という言葉があるが、出すぎた杭は打たれなくなる。

会社の中の社員も、1人だけが騒いでいるだけなら退職に追い込むことができるかもしれないが、1人1人が結束して組合として大きい存在になってしまうと、会社側も共存するしかない。

「数」を優先させてしまうのは、ビジネスの戦略としても正しい。

日本人がなぜ検索サイトに「ヤフー」を使うかというと、一度、習慣として身に付いてしまったからだ。

パソコンを買ってきて、インターネットにつないだら、最初はヤフーのトップ画面が表示される。だから、使い続ける。

決して、機能が優れているからではない。

ソフトバンクの孫正義《そんまさよし》さんは、アメリカで普及しはじめていた既存の電話回線を利用した高速ネット接続サービスの「ADSL」という仕組みを日本に持ち込んだ。街でモデムをタダで配ったことで有名だ。

また、携帯電話事業に参入したときも、「ソフトバンクは電波がつながりにくい」という機能性の問題をいったん脇に置いて、格安の使用料でシェア拡大を優先させた。

2ちゃんねるの利用者が増えたのは、「匿名」という部分を変えなかったからだ。

正直、匿名であることで、やっかいな問題はかなり増えた。しかし、やっかいな問題は置いておき、利用者が増えるほうを選んだのだ。

日本には「機能優先」の病がある。

電化製品を見ていても、新しい機能を付け足す方向で努力をしているが、それでは世界では戦えない。

まず、シェアを拡大させ、叩かれないほどに大きくする。機能性を上げていくのはそれからだ。

昔、すべての家電に電話線をつなぐことで、家に電話するだけでエアコンがついたり、お風呂が沸いたりする仕組みが話題になった。

話だけを聞いたら、みんな便利だと思ったはずだ。

しかし、実際にフタを開けてみたら、誰も契約しなかった。一部のマニアックなユーザーは使っただろうが、大衆は食いつかなかった。

技術的に可能であっても、その機能を使わせる状況にもっていかないと存在しないに等しい。

たとえば、体の中にチップを埋め込んで、体に必要な栄養を読み取り、その栄養素だけで作られた食事が自動で家に届いたり、趣味嗜好を読み取って、必要なエンタメを用意してくれるような技術があるとする。

技術的には可能だし、そうなったら何も考えずに毎日を過ごせるようになるが、それを実行しようと思えるだろうか。

行動に移すまでの障壁が高すぎると思わないだろうか。

そこにビジネスのヒントが隠されている。

生まれた子どもすべてにチップを埋め込むよう法律を変えるなど、ドラスティックなことをしないと広がっていかない。

機能性や役に立つことだけを追求していても、中国のような大規模なところとの競争には決して勝つことができない。

あるいは、日本の市場だけを見て、ニッチなサービスで細々とやっていく道もある。

僕は、「未来検索ブラジル」という検索サービスの会社もやっている。そこでは、グーグルが対応できないニッチなマーケットを狙った。

たとえば、価格比較サイト向けに情報を出している会社のある商品の価格が改定されたときに、グーグルの検索エンジンでは反映されるまでに1日の時間がかかる。

それを、リアルタイムで検索結果に出るようにした。

大きすぎる企業がニッチすぎてできないようなことを考え、そこを攻めるような戦略もあるのだ。

潰されていった天才たち

2002年、東大で助手をしていた金子勇《かねこいさむ》さんによって、無料ファイル共有ソフトの「ウィニー」が開発された。そこで用いられた「P2P（ピア・ツー・ピア）」という技術は、仮想通貨の基となるブロックチェーン技術を生み出し、これからの社会を支える基盤となっている。

しかし、一部のユーザーがウィニーで不正ファイルをやりとりしていたことで、なぜか、開発者である金子さんが逮捕されてしまった。管理している人がいなくなったことで、ますますウィニーは無法地帯となってしまったのだ。

その後、裁判所は「違法行為を助長するために作ったものではない」と判決を出し、無罪が確定したが、金子さんは開発に戻ることなく、2013年に心筋梗塞で亡くなってしまった。

たとえば、包丁を使った殺傷事件が起きたとする。

そのとき、「包丁が悪い」「包丁をなくせ」と言う人はいない。

しかし、2000年代のインターネットのように、新しい技術が生まれると、社会の理解が追いつかず、「ウィニーが悪い」「2ちゃんねるをなくせ」と言い出す人が現れる。包丁くらいに生活に浸透してしまえば潰されないのだが、中途半端に出てしまった杭は打たれてしまう。

ただ、それは新しい技術の誕生の可能性を潰してしまうことになりかねない。

「包丁は何も悪くない」

これが、問題の本質を見誤らないための思考法だ。

ウィニーの金子さんや、ライブドアの社長だったときの堀江さんのように、偉い人を怒らせてしまうパターンはある。

だが、堀江さんは期待の星だった。

日本で先進的だったのは、堀江さんが逮捕される前のライブドアだった。ライブドアＲＳＳの技術力は高かったし、膨大なユーザーを抱えていたライブドアブログをちゃんと運営していたので体力もあった。

当時のライブドアは、既存の流行しているサービスを見つけると、片っ端から買収していた。

面白いものを作り出す人が競って新しいウェブサービスを作り、堀江さんに数億円で買ってもらうワンチャン狙いがあったのだ。

才能のある人がその才能を発揮する。そんな原動力が、堀江さんを中心に巻き起こっていた。

彼が逮捕された後は、ライブドアは上場廃止となり、そういったチャレンジをしない会社へと変わっていった。

非常にもったいなかった。

国家権力が動けば、どんなものでも潰せるのかもしれない。

金子さんや堀江さんだけでなく、佐藤優《さとうまさる》さんや鈴木宗男《すずきむねお》さんなど、「なぜ捕まったのか、理由がよくわからない人」がいる。誰もが納得する答えがない。社会から悪者扱いされ、彼らは共存できる道を探らなかったからかもしれない。

一方で僕は国家権力とはうまく付き合っていた。

警察から、「事件の関係者が書き込みをしていたので、アクセスログを提出してください」と言われたら、ちゃんと提出していた。

2ちゃんねるには、アカウントも招待制もない。誰が何をしても自由。その裏には、「人は悪いことをしない」という性善説があった。

それでも、「2ちゃんねるはけしからん」と言われることが増えて、「西村博之は逮捕されるんじゃないか」という噂が出たこともある。

でも、僕は刑法に触れることはしたことがないし、堀江さんのように検察を敵に回したこともなかった。

性善説を前提にしよう

新しいものが潰されないためには、みんなが性善説でいる必要があると思う。

有名なゲーム理論で「囚人《しゅうじん》のジレンマ」という話がある。

容疑者の2人が捕まって、警察から次のように言われる。

「2人とも黙秘すれば懲役2年になる。1人だけが自白したら、その人は懲役1年。黙秘したほうは懲役15年になる。もし、2人ともが自白したらどちらも懲役10年だ」

これを個別に告げられたときに、2人の囚人がそれぞれどういう対応をするかというゲームだ。

2人で協力して黙秘するか、あるいは裏切って自白するか。

もし2人が話し合って決められるなら、黙秘したほうが得をする。

しかし、誰もがそのように考えるとは限らない。

「黙秘するよ」と嘘をついて、自分だけ自白して懲役1年で済ませようとする人は出てくる。

このゲームを10回連続でおこなうときに、ある必勝法がある。

それが、「相手が裏切ったら、その次は自分が裏切る」という戦略だ。

世界中の賢い数学者が、さまざまな方法を試したけれど、「やられたらやり返す」という方法が一番強かったのだ。

これは、ビジネスにも当てはまる。

個人や企業同士が契約を結ぶことでお互いの利益を確保する場合も、ゲーム理論と同じことが起きる。

マラソンのときに、「一緒に走ろうぜ」と最初に言っておきながら、途中から相手を引き離すようなことがある。テスト前に、「オレは全然勉強してないから」と言われて安心していたら、相手はめちゃくちゃ勉強していたという裏切りもある。

そうかといって、相手が裏切らないように毎回交渉していると、今度は時間がかかってコミュニケーションコストが発生する。
だから、まずは相手が何もしない限りは、自分から裏切ることをしないのが一番だ。

「やられたときだけ、やり返す」

基本的には性善説でいよう。そして、裏切られたら、同じようにやり返す。
それが正しい順番である。

価値があるように見せる

今まで無価値だったものに名前をつけて価値があるように見せる。象牙の印鑑も、羽毛の羽布団も、マイナスイオンも、ホワイトバンドも、すべて同じ理屈である。

新しいものが登場してきたときは、大衆の意見に流されないようにしたほうがいい。それは、マジシャンの手品を見て、「すごーい」と言っている観客の意見が参考にならないのと同じだ。

プロのマジシャンが見て、「これはタネがわからない」と絶賛するマジックは価値がある。できるだけ専門家の意見を参考にしよう。

すべての物事を自分で判断するのは、難しい。

2ちゃんねるの次に、僕が手がけたものの中で大きな成果を上げたのは、ニコニコ動画だ。これも、アイデアは別に僕がオリジナルで考えたものではない。

2005年、パソコンのスペックが上がってきたことで、容量の大きい動画コンテンツもたくさん消費されるようになってきた。

最初に盛り上がりを見せたのはユーチューブだった。しかし、海外のサイトということもあり、日本で受け入れられるものとは、少し違うものだと僕は感じた。

2ちゃんねる的なネットユーザーにウケる動画サイトとして、「ニコニコ動画」は誕生した。

当時、ドワンゴの会長だった川上量生《かわかみのぶお》さんと知り合い、何か面白いことができないかという話になった。僕は取締役として入り、会議に出てアイデアを出し合った。

お金儲けを目的にしていないことに強みがあった。「こういうものがあったら面白いだろうな」がスタートにあった。だから、お金が目的の人には負けない自信があった。

ユーチューブが「グレーな部分を攻めた」と先ほど書いたが、一方で、ニコニコ動画の場合は、著作権コンテンツを扱うことは難しかった。

とはいえ、ニコニコはニコニコとして独自の生態系が生まれた。動画に対してコメントを書き込めるため、その機能を使って他のユーザーと会話をしはじめたのだ。

友達同士でテレビを見ながら、ああだこうだと言っている感覚が、ネット上に生まれた。それは、2ちゃんねるのニュース速報を見て掲示板に自分の意見を書き込んでいる状況とまったく同じだった。

みんな、自分が絡むことができる話題を見つけて、それに対して意見を言いたい。

「誰しもがひと言だけ言いたい」

これは、場をつくる上で必要な要素だ。識者だけが一方的に語るのではなく、それを受けて一般の人も何か言いたがる。

それは根源的な欲求なのかもしれない。

その後、ニコニコ生放送が生まれ、一般視聴者がコメントをし、それを出演者たちも見て、リアルタイムに反応するようになった。マスメディアが一方的に情報を流すだけだったのが、初めてメディアに双方向性が生まれたのだ。

元々、ニコニコ動画は、ユーチューブの動画に字幕を貼り付ける「便乗モデル」として考えられた。しかし、ユーチューブからアクセスブロックをされ、サービスが続けられなくなった。

それでも続けるため、最初は「一緒にやりませんか」とユーチューブにメールを送ったが、返事は来なかった。

その後、ニコニコを運営していたニワンゴの親会社であるドワンゴから支援を受けて、サービスを継続した。ただ、アクセスが集まりすぎるとサーバーに負荷がかかって動画が止まってしまうので、会員登録制のクローズドなサービスになってしまった。あれは苦肉の策だったのだ。

いまや、サブスクリプションによる定額課金の時代で、単体の動画にお金を払う人は少なくなった。それは、当時からイメージできていた。

さて、そのような「場所」にまつわる話を、次の章でしていこうと思う。

インターネットの恩恵を受けたということは、場所について考えざるを得なかったということだ。

それは一体どういうことか。

ネットにまつわる法整備が整っていないときに、僕は2ちゃんねるを創設した。

全国各地でたくさんの裁判を起こされて、理不尽な敗訴をした。

悪質な書き込みがあったときに、本当は書き込んだ人が悪いだけなのに、僕がそれを「悪意を持って放置した」という判断をされた。

今は法律も変わったが、当時、サイトの管理人はそんな扱いをされた。

最初の裁判の判決が出るときは、「負けたら大変なことが起きるんだろうな」と思っていた。

しかし、何も起きなかった。

敗訴判決が10件、20件、30件……、100件と溜まっていっても、僕の生活は何も変わらなかった。

マンションや土地、車などの資産を持ってしまうと、それが差し押さえられてしまう。けれど、そういうものには昔から興味がなかった。

「ミニマリスト」という言葉が生まれたのは最近の話だが、守るべきものを手放していくと、人は自由になれる。

そのひとつの例が、ホームレスであり、江戸時代の芸人、歌舞伎者もそうだった。

彼らはみな、権力の支配を受けなくて済む存在だった。

僕は、そちら側の人間になったのだ。

エピソード 4

どこにいるかが重要

――「ポジション」の話

僕はシステムを作る人だ。

ネット界にいる人はコンテンツを作る人と、システムを作る人に分かれる。

最初に2ちゃんねるやニコニコ動画のようなシステムを作っておけば、あとは勝手にコンテンツが集まる。

会社の役割として取締役を任されることが多いけれど、肩書きとしては「管理人」として紹介されることが多い。そのほうがしっくりくる。

たとえばマンションの管理人であれば、ほとんど自分がいなくても勝手に運営がされている。そして、大きな問題が起きたときだけ稼動する。

その状態が僕にとってはベストだと思う。

ラクだし、見ているだけで面白いので、そういう役回りをとるようにしている。

対談イベントなどでも、僕は質問する側になることが多い。

面白い話をするコンテンツ的な立場は相手に任せて、それを引き出すシステムになるのだ。

自分がどこにいるのか、どういう立場なのか。そんな話をしていこう。

自由な広場とボール

何事も、まずは場所が大事だと考えている。

たとえば、日本人とイスラムの人たちは、考え方が根本的に異なる。

その原点が何かと考えてみると、それぞれの宗教観が形成されていった過程にヒントがある。

イスラムの国は、その多くが、砂漠で緑が少ない場所である。そんな環境だと、何も考えずにダラダラと生きていたら生存することができない。

だから、厳しい戒律のあるイスラム教が生まれた。

先祖たちの教えを1つ1つ残していかないと、自分たちが生き残っていけなかったのだ。

その一方で、日本は違う。

自然豊かで、夏も冬もそんなに厳しい気候にはならない。

そうすると、多神教で八百万《やおよろず》の神がいるというようなゆるい宗教観が生まれる。

古くからの教えを守らなくても、まわりに食べられる植物や動物がたくさんあって、安定した気候で暮らせるのだ。

これは企業を見てもそうだ。競争の厳しい業界だと業務のルールは厳しく、競争が少なければルールはゆるくなる。

1人の人間が厳しい性格か優しい性格かと考えるより、厳しい環境にいたのか、ゆるい環境にいたのかを聞いたほうが早い。

そういう意味でも、僕は「場所」、特に「どこにいるか」を常に見るようにしている。

そして、場所を提供できる立場にいたいと思っている。

それまで特権的に選ばれた者しか得られなかったものが一般に広がることを「民主化」という。

インターネットによって、いろいろなことが民主化したが、その代表は「映像コンテンツ」だろう。

電波法によって、テレビ局が独占的に持っていた「映像を作って、人々に放送する」という特権が、誰でも簡単にスマホだけで動画を撮り、編集をし、動画サイトにアップロードできるようになった。

「ユーチューブで面白いCMを作った人に20万円をプレゼントする」というコンテストがおこなわれたりして、一般ユーザーたちは競って動画のスキルを磨いた。

「場所があれば、人は動きはじめる」

そんな心理があることを覚えておくといいかもしれない。

運動場とボールがあれば、勝手にゴールを決めてサッカーっぽい遊びをやりはじめるのに似ている。

動画の世界では、素人たちがツールを手に入れた。勝手に切磋琢磨し、やがて、テレビ局などのプロの人たちと素人の差は縮まっていき、現在の有名なユーチューバーたちが生まれていったのである。

「著作権は侵害してはいけない」というルールがあれば、「じゃあ元ネタのわかるパロディ音楽を作ろう」「有名人のものまねをしよう」などと、面白いことを考える人がどんどん作りはじめる。

自由な広場に、「ボール遊びは禁止」と書くと、地面に線を引いてその中で相撲をしたり、ボール以外のフリスビーを持ってきたりなど、アイデアが出てくるようになる。

その原点は、「場所」にある。

それが僕のビジネスになっていった。

129ページでも書いたが、価値のないものを価値があるように思わせると、お金を儲けることができる。

相手に気づかせないのがポイントだ。

たとえば、スーパーマーケットの場合、お店が商品を仕入れて棚に置き、客がそれを買うことで利ざやを稼ぐ。商品は店側が「仕入れ」をしないといけない。

これが、ウェブサイトの場合は違う。

「仕入れ」をしなくても、ユーザーが勝手にコンテンツという商品を置いていき、別のユーザーがそれを消費する。

無料で置いたものが無料で売れているが、人が集まっているので、広告ビジネスが成立し、ウェブサイトの管理者は「ほぼ何もしなくても」稼ぐことができるのだ。

2ちゃんねるもニコニコ動画も、管理している側は、正直、別にすごくない。集まっているコンテンツが優秀だったのだ。

さて、あなたがよく見るウェブサイトは何だろうか。

クックパッドだろうと、メルカリや食べログだろうと、その本質は変わらない。

そのウェブサイト自体に価値があるのではなく、無料で集まっているコンテンツのほうに価値がある。人々は勝手にサイトがすごいと思ってしまう。

ユーザーの書き込みに価値があるかどうかは、たくさんの議論がなされてきた。

「2ちゃんねるの書き込みより、新聞記者が書いた記事のほうが価値がある」

そんな比較をよくされた。

しかし、オープンな場であれば、新聞記者が2ちゃんねるに直接書き込むこともある。使う側として嘘を見抜く力は必要だが、そのような動きはもはや避けられない。

僕のポジション取りを語ろう

僕は、だいたいの仕事は、「やっつけ」でやっている。

やっつけじゃない仕事を最後にやったのはいつだろう。

自分で考えたシステムを作らないといけないとき、調べながらコードを書いているときは集中する。やらざるを得なくてやっている最中は自分の中で楽しいと感じていた。

今はコードを書くよりは、「企画」や「座組み」を作ることがメインになっている。

自分で手を動かさなくても、しゃべるだけで済むし、「あとは頑張ってください」と言って投げることが増えた。

その立場になっていった「第一歩」が何か。

その経緯を語ろう。


まず大前提として、僕はＩＴ評論家ではない。

ＩＴ評論家は、コードを書くことができない。野球評論家がプロ野球でプレーしたことがないのと同じで、ずっと評論家の人と元々プレーヤーだった人はまったく違う。

ただ、コードを書く世界には、しのぎを削ってやっている人たちがたくさんいる。たとえるなら、詰将棋が強かったり、アート的に美しかったりするなど、プロフェッショナルの人たちは、とてつもない空中戦を繰り広げている。

とてもじゃないけれど、そこで勝つのは無理だった。努力でどうこうできるレベルではない。

だから僕は、企画や座組みなど、全体を見て、「こうしたほうが効率よくできますよ」と提案するポジションをとるようにした。

そう、この章のテーマは、「**ポジション**」だ。

大体、世の中で企画だけをやりたいと思っている人は、現場レベルの仕事をやっていないケースが多い。思いつきでモノを言う社長のような人だ。

その点、僕は現場のコードを書く作業をしている人のこともある程度わかっているので、突拍子もないことを言うことはない。

「サーバーが10台必要で、エンジニアが10人必要となっているが、どちらかを半分にできる妥協点はないか」

「似ている部分をユーザーに気づかれないようにすれば、サーバーを30%くらい削れるんじゃないか」

というように、企画自体を変化させることで現場をラクにしたり、バグが起こりにくい設計になるような提案をしている。

いくら現場の人が文句を言おうと、上を説得して企画自体を変えるのは、コストが高い。下手をすると、現場の人間が厄介者として切られてしまうこともある。

だから、上流から下流までを知っている第三者的なポジションが有利になる。

「第三者的なところを探れないか？」

それを自分の仕事に当てはめて考えてほしい。

下っ端仕事でグチばかり言っているとしたら、一度、経営側として自分だったらどうするかを考える。

あるいは、店長のような立場だったら、現場の仕事で知らない部分がないかを考えてみる。

それだけで、あなたは頭一つ飛び抜けることができるだろう。

特に、エンジニアの世界の場合、非エンジニアの人に現場のことを伝えるのは非常に難しい。

一見、サーバーの台数が減らずに損しているように見えても、コードがシンプル化するのでメンテナンスコストが減ることがあったり、初期費用は高くても、後からサービスを足すときにラクになったり。

早めに俯瞰して見て、誰のメリットであるのかを相手にわかるように伝えるのは、とても苦労する。

大体のケースでは、諦めている人が多い。

仕組みがわかりつつ、口八丁手八丁で伝えられるポジションは、おいしいのだ。

さて、ここまでの話を整理しておこう。

第三者的なポジションをとるために必要なのは、次の3つだ。

「現場のリアル」と「経営側の論理」と「コミュニケーションコスト」。

普通、一般企業に入ったら、まずは現場の仕事をさせられるだろう。

そこで優秀な人が出世して、徐々に経営側の論理に絡め取られていく。

そのときに、上と下をつなぐ中間管理職のような立場で、コミュニケーションコストを支払うようになる。

ここで多くの人は疲弊してしまう。

「やはり管理職は向いていないな」と思って、会社を辞めてしまったり、「現場のことはもうわからない」と言い出して、使えない上司になってしまったりする。

ただ、社会的に成功できるかどうかは、ここでの振る舞い方にかかっているのではないかと思うのだ。

ということで、ここからは、「コミュニケーションコストの取り方」について語っていこう。

言ってはいけないことを言う

コミュニケーションコストとは、ひと言でいうと、「言ってはいけないことを言うスキル」だと僕は思っている。

たとえば、知り合いから「僕の事業は、うまくいきますかね？」と聞かれたとする。

普通に考えて、「うまくいかないな……」と思った場合に、あなたなら、ちゃんとそれを伝えられるだろうか。

もちろん伝え方は、その人のキャラによる。やんわり否定したり、率直に切り捨てたり、伝えるための技術はあるだろう。

ちなみに、僕だったら、「失敗しますよ」と言ってあげるようにしている。

なぜなら、それが本当の優しさだと思うからだ。

うまくいかなそうなのに、「大丈夫ですよ！ 絶対にうまくいきますよ！」と言ってしまうほうが残酷だと僕は思う。

世の中、みんな本音を言わない。

「言ってはいけない」という空気が支配している。

そんな中で、本音をズバッと言う人がいたらどうだろう。

一気にポジションをとれる。

もちろん、好き嫌いで言うのではなく、根拠を提示したり、改善策を一緒に考えたりはする。ただ、無責任に「うまくいきますよ」とは言わないだけだ。

僕が人に本音を言えるのは、「最終的には謝れば関係を修復できる」と信じているからだ。これは、81ページの「修復可能かどうか」のところでも話したことだ。

後からうまくいったとしたら、「あのときはごめんなさい」と言って謝れば修復可能で、それでも嫌みを言ってくるような人であれば、そういうタイプの人とは仲良くならないほうがいい。

もし後になって間違っていれば、そのときは謝る。

そのリスクさえとれれば、いつだって思ったことを言えるはずだ。

「本音で言う。そして、ちゃんと謝る」

どうだろう。これほど単純なスキルは他にないかもしれない。

僕がイベントやテレビ出演の仕事に呼ばれるのも、すべては「本音が言える」という強みがあるからにすぎない。

それだけ、本音が言える人、言ってはいけないことを言える人は、ポジション的に重宝されるのだろう。

その逆のパターンとして、こんな話がある。

ある新聞社の取材を受けたときだ。

取材を受ける間、僕の中には、ずっと違和感があった。

「オレは偉いんだ」という雰囲気が、記者の言葉の端々に表れていたのだ。

「大手新聞社という大メディアが認めている自分」みたいな気持ちが、言葉や態度に出てしまっていた。

こういう人は、第三者的なポジションをとることはできない。

外側から自分を見る視点がなくなってしまっていて、会社の肩書きをなくした時点で、仕事がなくなってしまうような人だ。

一方で会社の立場を抜きにして話ができるような人は、コミュニケーションコストが払える人だ。これからの時代に合っているのは、こちらのタイプだろう。

もちろん、自分に能力がないことを自覚していれば、大きな企業の傘の下で生きていったほうが賢い。その生き方を否定するわけではない。

ただ、その場合は、失業やリストラのリスクに備える必要があるので注意すべきだ。

逆張り vs 紋切り型

「アメリカ人は自己主張をし、日本人は空気を読む」

そんな話をよく聞くが、実際に留学したり海外旅行をしたりしても、そのとおりだと感じることが多い。

なぜ、そうなるのだろうか。

人と人との距離に理由があるかもしれない。

日本では、電車やバスの公共交通機関での移動が多かったりするし、飲食店のスペースも狭いし、集合住宅も多い。物理的に人と人との距離が縮まれば、おのずと相手のことを考えざるを得ない。

ここでも、考え方を変えるよりは、環境などの場所を変えることをしたほうがいい。

あえて他の人と接触しない生活を送るのが効果的かもしれない。自転車で移動したり、歩いたりする時間を増やす。

あるいは、家族や職場から離れて1人になれる時間を増やす。

そうやって意図的にやらないと、自分の意見を作れない。

さて、仕事の基本は、打ち合わせだ。

人と会って話をする。それが仕事のベースにあることだろう。

そこで大事なことは、シンプルだが、「とにかく意見を出す」ということだ。

みんな空気を読むことが得意なので、意見を言うことは苦手だ。そこを逆手にとって、僕は積極的にやるようにしている。

間違っていてもかまわない。量的にたくさんの発言をすることを心がける。

意見を出すことのメリットは、「実作業が自分に投げられることがない」ということだ。

何も発言していない人は、心理的に「じゃあ、私がやります」と言って手を挙げてくれる。こんなにおいしいことはない。

「いつだって、発信者は強い」

というのは、覚えておくといいかもしれない。

人の意見ばかり聞いて、誰でもできることに手を挙げてはいけない。そこでアピールする人は、99％の努力で解決するタイプの人だ。

そのタイプは、20代の若手なら戦略として正しい。

現場仕事が多くてインプットしている段階であれば、できることを増やしたほうがいい。

ただ、「そのうちどこかで上の立場になってやるぞ」というしたたかさを持っておくようにしよう。そうじゃないと、努力で解決するタイプは年齢が上がると厳しくなってくる。

いろいろなことが満遍なく無難にこなせる人は、たくさんの仕事を依頼され、仕事量が増える。

そして、いつか代わりが出てくる。

発信者になれるかどうかのポイントが、1つある。

「逆張りで考えられるかどうか」だ。

普通は、常識的で紋切り型の考え方ばかりしてしまう。

たとえば、就職活動の場合を考えてみよう。

資格を取ってアピールしたければ、「簿記や英検くらいは取っておこう」と考えてしまうし、出版社の面接を受けるときは、「紙の手触りは素晴らしいですね」と答えてしまう。

こういう人は、紋切り型の思考だ。

逆張りで考える人は違う。

「男ですが秘書検定1級を持っています」

「紙の時代は終わったと思います」

こういうことを言えるのが、逆張り思考の人だ。

世の中は、本当にみんな同じことしか言わない。そんな中で、ちょっと違う視点からモノが言えれば、一気に抜きんでることができる。

もちろん、常に斜に構える必要はないのだが、一度、頭の中だけでも逆張りで考えてみることをクセにしておいたほうがいい。

できれば、「逆にこういうのはどうですかね」と、前置きした上で、口に出してみる。発言をしてみる。

その積み重ねで自分だけのポジションを確立していけるはずだ。

偉い人と現場仕事

ポジションの話を続けよう。

僕がシステムのエンジニアと経営者側の間に入るのは、結局、経営者側がシステムのことを知らないからだ。

システムの仕組みがわかる優秀な経営者であれば、別に僕がいなくても会話が成立するだろう。

しかし、なかなかそうもいかない。

現場から叩き上げた経営者であっても、時代の感覚がズレていたりして、下っ端とは会話が成立しないことも多い。

だから、翻訳する立場が必要になる。

とはいえ、ただの翻訳者なら、問題が解決したときにお役御免になってしまうので、全体を最適化する視点は持っておきたい。

僕とまったく同じポジションになるのは、ハッキリ言って難しいだろう。

経営者の本を読んだところで、同じビジネスで成功することはできない。

だが、姿勢は学べる。

できるだけ職業にとらわれないのがいい。職業になった瞬間に、人が殺到して競争が起こる。

いろいろな役割が混ざって、「何をやっている人なんですか?」と言われるくらいがちょうどいい。

そのうち、ハイパーなんとかクリエイターだと名乗ればいいのだ。

エンジニア界隈の場合、ちゃんとシステム設計をしてコードも書けてIT系で決定権を持っている人は、日本にはそんなに多くない。

アメリカでは、マイクロソフトのビル・ゲイツ氏がエンジニアとしても優秀だった。日本であれば、GREEの田中良和《たなかよしかず》さんがプログラムを書ける。「けんすう」こと古川健介《ふるかわけんすけ》も書けるし、ドワンゴを創った川上量生《かわかみのぶお》さんも書ける人だ。

「現場レベルのサブスキルを持っておく」

僕にとってプログラミングはサブスキルだ。

これをメインにしてしまうと、結局、ただのシステム屋さんになってしまう。

自分がメインにしているのは、問題解決だ。起こっている状況に合わせて、どうすればそのトラブルを処理できるかを考えることだ。

目の前で怒っているオッサンを落ち着かせることや、プログラムの設計を作ることなど、すべてをひっくるめて問題解決としている。

いわばトラブル処理なのだが、そういうと、ネガティブなイメージがあるかもしれない。

ただ、自分で問題を設定することもできるので、目標を実現する能力とかなり近い。

そうやってメインスキル（マクロな経営視点）とサブスキル（ミクロな現場視点）を両方持ち合わせることが強みになる。

僕は小学校の頃からプログラムをやっていた。

ウェブで使う言語とはまた少し違うので、実際に2ちゃんねるを作るときは、一からやり直したが、小学生のときに「コンピュータはどうやって動くのか」という概念を知ることができたので、大人になってからの習得は早かった。

バイオリンで飯を食っていこうと思ったら、9歳くらいまでには始めていないと難しい。でも、たまにどこかで弾いてお小遣いをもらうくらいのレベルなら、別に何歳で始めてもいい。

そういったサブスキルは、軸として持っておくようにしよう。

サブスキルというのは、言語がわからなくても仕事ができるもののほうがいい。

たとえば、僕はドイツ語を話すことはできないが、ドイツの会社に入ってプログラミングの仕事をすることになったら、ある程度はできる自信がある。プログラム言語を見れば、大体こう動くとか、何をすればいいかがわかる。

バイオリンで食べていける人も、海外で活躍することができる。

77ページにも書いたが、留学してプログラミングのスキルで生きていけると思ったことは大きい。

言語の壁を越えられるスキルは、相当な自信になる。

それに、本当に自分に日本が合っているかどうかは、日本を出てみないとわからないものだ。

サブスキルを持っておくことは、その可能性を広げることもできる。

それがあって初めて、メインスキルに移っていくことが効果的になる。

現場レベルの仕事ができない人が、いくら「いいこと」を言っても、誰も動いてはくれない。

これもまた、ポジショニングが大事になってくるのだ。

日本を1つの村として見る

サブスキルは言語の壁を越えると書いたが、もし日本だけの市場を考える場合、システムの機能や優秀さは重要ではない。

ゆるくても十分だ。

端的に言うと、「流行っていればいい」のだ。

どういうことか説明しよう。

日本では、商品選択にとって「イメージ」が重要な要素となっていて、イメージ広告の効率が良すぎるのだ。

他の国の人と話をするときに、「何が流行っているの?」とは、あまり聞くことがない。

アメリカ人に、「アメリカでは何が流行っていますか?」と聞くのは、非常にナンセンスだ。

アメリカにはさまざまな人種の人がいる。

メキシコ系の人もいるし、キリスト教徒もイスラム教徒もいるし、中国人も多くて、とにかく幅広い。

ちなみに、アメリカの音楽のジャンルでもっとも人気があるのは、「カントリー」というジャンルだが、日本人はカントリーなんてほとんど聴かないから、日本人にとってはそんなものは存在しないに等しい。

みんな等しく「誰でも聞ける大衆的なポップソング」を聴いていると日本人は思う

が、ポップソングを聴くほうがマイナーだ。

そのようにカテゴリーと人が細分化されている。

テレビCMを打って、「みんな見てね」と言えるのは、それこそスーパーボウルぐらいで、それ以外はみんな個別のメディアを見て、別々の社会に存在している。

だから、アメリカには効率よく全員に知らせる手段がない。

全員に知らせると、それぞれの生活も環境も考え方も違いすぎるので、誰にも刺さらないことになってしまう。

一方で、日本は違う。

国民的に有名なタレントを起用して、テレビでドーンと広告を打ったり、ウェブメディアで広告を何度も流せば、かなりの人数にリーチできる。

ネットによってタコツボ化してきているとはいうが、まだまだマスメディアの存在は大きい。

普通に広告にお金をかければ、平均的な日本人に届かせられる。

「ニュースを見るんだったら、グノシーとかスマートニュースだよね」

というように、全員がうっすらと聞いたことがあり、何となく使っているものを他の人から聞いて平均化していくことが多い。

日本は共通化しやすいのだ。

だから、日本でビジネスをするのであれば、ジャンルにもよるが、概ね平均的な日本人を想定して、1億人に届かせるようにすればいい。

「日本人、1億人に投げかける」

均質的だということは、批判も多いが、メリットも多い。

日本は村社会っぽさを1億人で抱えている稀有な国だ。その中で、6000万人ほどがネットの流行を追っている状況だと僕は見ている。

一方でアメリカには、人口が3億人いるが、コミュニティが分断しすぎている。

そこでの戦略では、優秀なシステムを作って便利さでじわじわ広げていくことしかない。

便利さがあれば、イギリス人も使いはじめて、世界中の英語圏に広まっていく可能性がある。グーグルは広告宣伝費を払わなくても、みんながじわじわと世界中で使っていくことで広がっていった。

英語圏のマーケットは、世界中で20億人の規模だ。

それを狙うのであれば、一国で広告宣伝をやるよりも、いいものをじわじわ広げるほうが効率的だ。

日本では、いいシステムよりも、みんなが知っているシステムのほうが大事で、広告を打ったほうがうまくいってしまう。

だから、エンジニアが重宝されず、広告代理店の力が強い。

優秀なエンジニアはどんどん海外に流出していき、商売人にとってはぬるま湯的な国になってしまっている。

サブスキルがあれば、業界を移られることにも触れておこう。

最近のライトノベルでうまくいっている人たちは、エロゲー出身の作家が多い。

エロゲー時代に書いていた人が、エロゲーが売れなくなると、ライトノベルに移っていって成功しているという構図だ。

業界が廃れても、優秀な人たちは他の業界にさっさと逃げていって、そちらで能力を花開かせることができる。

『魔法少女まどか☆マギカ』の原作の虚淵玄《うろぶちげん》さんはエロゲー出身だ。新海誠《しんかいまこと》さんもエロゲーのオープニングビデオを作っていた。

自分の業界を変えるかどうか。それを見極めるポイントがある。

それは、二極化しているかどうかだ。二極化が極めて大きくなったとき、それが業界が衰退するときだ。

トップ層が固まっていってしまうと、スキルがあるのに食べていけない新人がたくさん生まれる。徐々に新しい人が入ってこなくなり、他の業界に流れて、そこで一番を目指しはじめる。

新聞記者がどんどんネットメディアに移っているのも同じだ。「朝日」「読売」はなんとかなっていて、「毎日」「産経」は大変な状態だろう。

トップにいられる自信があるのなら、衰退している斜陽な業界でもなんとかなる。

業界が消滅したって、スキルさえあればシフトチェンジができる。

そういう意味でも、何歳になってからでもサブスキルは身につけたり、磨いておいて損はないのだ。

ユニークな人が生き残る

サブスキルがあることを前提にして、「ポジション」の話に戻ろう。

いつどんな時代でも、人が人を選ぶ。

これは変えようがない。


人が人を選ぶときの基準は、なんだと思うだろうか。

「客観的な優秀さを持っている」

先ほどのサブスキルの話だ。

ただ、多くの人がそのことしか考えない。だから、資格産業や英会話教材はなくならないのだろう。

人が人を選ぶ基準は、優秀さではない。

「面白いかどうか」だ。

面白ければ一緒に仕事していて楽しい。

優秀かどうかは、実際に仕事をしてみないとわからない。前の会社では優秀だったとしても、他の会社では合わないこともある。

面白い人が面白くなくなるって、わりと10年ぐらいかかる。

面白くない人が面白くなる瞬間は、たまにある。突然吹っ切れたりする芸能人を観察してみればわかる。

採用してみて無能だったとしても、明るくて面白ければ全員が納得できる。

じゃあどんな人が「面白い」かというと、言語化するのが難しい。「変わっている」と言い換えたほうが近いかもしれない。

質問したことに、当たり前の返しをするのではなく、ちょっと想定と違った返しができる人と言ったらいいだろうか。

ちなみに、僕は名字が面白いというだけで採用したこともある。鬼丸さんという人だ。

別に、関西の芸人さんのような面白さは必要ない。

なんとなく変わっているだけで十分だ。

アメリカの教育で、「ユニークであれ」という方針がある。

他の人と違うところを作ることを推奨するのだ。

日本語でユニークというと、ユーモアのイメージに引きずられるかもしれないが、違う。

「他とちょっと違う状態になる」というニュアンスだ。

かといって、無理に個性を出そうとして、キャラを作りにいっている人はキツかったりするのだが、無個性であるよりはまだマシだ。

昭和の時代は、似たような人をたくさん集めて工場で製品を作る時代だった。

いまはそれが完全に終わりを告げた。

クリエイティブな仕事のほうが、利益率も高く、生き残れる時代になったのだ。

ただ、何かアイデアを出したり、モノを作ろうとしたら、人と同じ発想になってしまいがちだ。

それに、人気の仕事は似たような人がたくさん応募してくるから、何か頭一つ変わっていないと目立つことができない。

「趣味はなんですか？」と聞かれて、「釣りです」「野球です」という普通の返ししかできないと、「へえ」で終わってしまう。

普通の人が価値を感じないことをたまたまやっているのがいい。

たとえば、切った爪を20年間ずっと保存している人がいる。初対面だと、そんなことは言わないけど、面接の場などで掘ってみると、意外と何かがあるはずだ。

変な人というのは、自分では普通だと思っているものだ。

それが人から指摘されたり、引き出されることで顕在化する。

「人とちょっと違うことは何か？」

そんなに難しく考えなくていい。「なんかちょっと気になる」というものがあるだけで十分だ。

日本唯一のエレベーターブログを運営しているライターがいる。世界中でも少ない「曲がるエスカレーター」を探し、現地に行き、写真を撮っているそうだ。

人から強制されて曲がるエレベーターを好きになることはできない。なんとなくちょっと気になって調べてみることで、どんどん好きになるだけだ。

他にも、こんな人がいる。

「台湾の街の入り組んだベランダ風景が好きなんです」

「地方のロードサイドにあるアダルト自動販売機をコンプリートしています」

それを面白がるのに、努力なんてものは存在しない。他人と比較しても意味がないし、誰かが褒めてくれるかどうかも関係がない。

勝手に意味を見出して、勝手に好きを突き詰めているだけだ。まさに、1％の努力の人であり、本書の後半で詳しく語る「働かないアリ」の例だ。

もし、そういうものがない場合、もう1つのアドバイスがある。

普段、生きていると、「大勢の中で1人しかいない役割」に出くわすときがあるだろう。学校であれば委員長を決めるときだったり、職場であれば飲み会の幹事をやるときだったりだ。

大勢の中で1人しかいない役割は、特殊なポジションとしてメリットが発生する可能性が高い。

だから、あまり後先のことは考えずに、手を挙げるといい。

「特殊なポジションに手を挙げる」

僕は、幼少のときから、そのようにしていた。

小学4年生のときに、生徒会に入れるようになったのだが、何も考えずに手を挙げて立候補していた。

見たことのない世界がありそうというだけの、単純な好奇心だった。

クラスの学級委員にも立候補して、その後、何かの理由でクビになった。たしか遅刻が多すぎたのだろう。

それでも3学期にはもう一度、立候補して、1年で2回も学級委員になる珍しい経験をした。

直接的に何かトクをしたのかどうかはわからない。

だけど、後先を考えずに知的好奇心を満たそうとしても、後からどうにでもなると思えた体験は大きかった。

その考え方が今でも続いている。

アメリカなどで飛行機に乗ると、「ダブルブッキングが起こったので宿代を出すから誰か降りてくれませんか?」という状況にたまになる。

システム管理上、ダブルブッキングはわざとやっている。

キャンセル率が何%か大体わかっているので、多めの予約を取り、できるだけ席が埋まるようにしているのだ。空席を作るくらいなら多めにチケットを売って、ダブルブッキングになったときだけお金を払ったほうが、トータルでトクをする。

僕は、とてもいい仕組みだと思っている。

その場合、僕はたいてい手を挙げる。すると次の日、代わりに用意されたチケットは、ビジネスクラスになる可能性が高い。他にもクーポンがもらえて、1日ののんびりとタダでホテルで過ごせるのだから、とてもトクをするのだ。

他にも例はある。

再開発でなくなる予定のアパートがあり、そこにあえて住んでみた。何年か後に補償金が出るからだ。家賃3万円の部屋だったが、最後、強制的に退室させられたときには20万円もの金額を支払ってもらった。

後に面倒な手続きは発生するかもしれないが、反射的に手を挙げられるかどうかは、経験がものをいう。

さて、エピソード4では、場所の大事さから「ポジション」の話をしてきた。

僕は役員になることが多いので、その立場だからこそできる話もあるのだが、できるだけ、再現性があるように話をしてきたつもりだ。

特殊なポジションがあるだけでなく、他社と一緒にプロジェクトをやるときも、「実作業を西村さんに振っても締切どおりやらないだろうな」と思われてしまっていることも大きい。

そう、なぜか、僕は最後にトクをしてしまう人生なのだ。

エピソード 5

最後にトクをする人

——「努力」の話

「片手を空けてチャンスを待つ」

「たまたま、そこにいたからうまくいった」

それが成功の秘訣だと聞いて、どうだろう。

残酷だと思っただろうか。

しかし、たとえばアルバイトの世界だって理不尽な世界だ。

一生懸命5時間働いた人より、ダラダラと10時間働いた人のほうが、2倍の給料をもらえる。頑張っている人の時給が100円上がったとしても、長い時間を働いている人には給料で追い付けない。

努力はなかなか報われない。

そうかといって、すべてを諦めて何もせず家で過ごしているわけにもいかない。

頭は働かせるべきだ。人生において、「ここは頑張りどころだ」というポイントがある。

抽象的な話だが、ここでは、「**1%の努力**」の中身について詳しく話そう。

成功率を上げる方法

最小の努力で最大の成果を上げることが、その人の生産性になる。

いくら過程で頑張ったとしても、大事なのは、「結果」だ。結果を出して、最後にトクをする人になることを考えるようにしたい。

それを説明するときに、僕は、こんな話をするようにしている。

こんな「イス取りゲーム」を知っているだろうか。

各チームで、イスの数を取り合い、1位のチームを決めて、そのチームの中から1人のリーダーを選ぶことができる。

すると、次のような結果になった。

1位　りんごチーム　223席
2位　かぼちゃチーム　70席
3位　たまねぎチーム　55席
4位　なすチーム　51席
5位　すいかチーム　35席
6位　はくさいチーム　15席
7位　にんじんチーム　15席
8位　しいたけチーム　15席

りんごチームが1位になり、りんごチームの中からリーダーを決めようとした。
しかし、2位から7位のチームが、「私たちはみんなまとめて野菜チームだ」と言い出して、野菜チームを作った。

70＋55＋51＋35＋15＋15＝241

となり、りんごチームを抜いて、野菜チームがトップになった。

1位　野菜チーム　　241席
2位　りんごチーム　　223席
3位　しいたけチーム　15席

次に、野菜チームの中からリーダーを決めるときに、イスが一番多い「かぼちゃチーム」の中からリーダーを選ぼうとすると、問題が起きた。

すいかチームが、「自分たちは、果物という見方もできるから、りんごチームともくっつくことができる」と言い出した。

もし、すいかチームが抜けてりんごチームとくっついて果物チームを作ってしまうと、野菜チームは2位になってしまう。

1位　果物チーム　258席
2位　野菜チーム　206席

「だから、自分たちをリーダーにしてくれるところとくっつくよ」

ということで、野菜チームの人たちは言われるがまま、すいかチームからリーダーを選ぶことになった。

元々は5位だったチームの中からリーダーが誕生したのだ。

どうだろう。

荒唐無稽な話のように感じたかもしれない。しかし、1993年の日本新党の細川《ほそかわ》護熙《もりひろ》内閣総理大臣は、このような形で誕生した。

「最後に勝つにはどうすればいいか」

それをにらみながら、つねに出方を考えておくようにしたい。

このイス取りゲームの話は、まさに、「1％の努力」の好例である。
このような人生を送りたいものだ。

優秀なプログラマーを上から順に並べていっても、僕は上位には入らない。僕は元々あまり働く気もなくて、引きこもりのようなタイプで、好きなことをダラダラと続けてきた。

ただ、やっていたことが、たまたまお金になりやすいことが多かった。
だから結果的に成功と言われてしまうだけだ。

ちょうど、インターネットで広告形態が生まれて、ビジネスとして回りはじめた時代で、2ちゃんねるにも広告が回ってくるようになった。

僕より能力の高い優秀なプログラマーはたくさんいるが、やっていることが儲からないから、結果として評価されていない人はたくさんいる。先ほどのりんごチームやかぼちゃチームのような人たちだ。

社会でお金になるかどうかで、人は評価を変える。

社会で「天才」と呼ばれるか、「変人」と呼ばれるかを分けるものは、出された成果物を社会がどれだけ受け入れたかによる。

ここで1つ質問がある。

あなたは、「ペタンク」を知っているだろうか。

ペタンクとは、鉄の球を砂場の上で投げてサークルの中心を狙うスポーツで、主にフランスでおこなわれている。

もし、ペタンクの能力がズバ抜けていたとしても、日本にいる限りは食べていけないだろう。

なぜなら、ペタンクが日本でビジネスとして成立していないからだ。

圧倒的な能力があっても、その能力を評価する構造が社会にあるかどうかで、天才か変人かは変わってくる。

仮にペタンクではなく野球の能力が高いのであれば、もちろん食べていける。それは、野球という競技にビジネス構造があるからだ。

中学生・高校生男子に人気のスポーツは野球とサッカーとバスケだが、日本人ではバスケだけで食える人は極端に少ない。

そういう意味では、同じ身体能力を発揮できるなら、野球やサッカーに早めに移ったほうが食っていける可能性は高い。

そうやって、自分の能力を睨《にら》みながら社会のニーズに合わせられる人のほうが、世の中では成功しやすい。優秀な会社員としても向いている。

一方で、「世間なんて知らない。自分はペタンクをやり続ける」というタイプの中でも、やっているうちに社会のニーズが生まれてうまくいくケースもある。ただ、まったく日の目を見ずに生涯を終えていく可能性も高い。

社会のニーズに合わせにいけるかは重要だ。そして、それは能力値の絶対的な高さとはまた別の話である。

以上の話は、安定収入を稼ぐ本業において考えるべきポイントだ。趣味や好きなことしてペタンクをしている人は、そのまま突き詰めればいい。

109ページの「できること、やりたいこと」の話と通じるかもしれない。仕事と趣味は分けて考えよう。

トップが下を殺しうる

以前、孫正義さんが、「死ぬ気でやればやれないことはない」ということをツイッターに書いていて、それに僕が噛み付いたことがある。

孫さんのように人の上に立つ人が、下に向かって「努力しろ」と言うのは、社会にとって逆効果だと思ったからだ。

ついこないだ、日本軍はアメリカと戦争をした。あの当時、どう考えても日本軍がアメリカ軍と戦争して勝てるはずがなかった。

石油や弾の数、食料などの資源や物資の量が違うし、兵士の数も違う。

なのに、個人の努力でなんとかしようとして、結果、たくさんの人が命を落とした。

上の人たちの判断で、多くの一般の人たちが犠牲になったわけだ。

下がいくら頑張ったところで、やはり勝てないものは勝てない。

正しい戦略で正しい作戦かどうか。そういった上の判断が先にある。


いま、東芝などの大企業が経営的に傾いている。

東芝の社員、1人1人の努力が足りないかというと、そうではない。

おそらく、他の企業と比べても、現場の人の努力の質や能力の差は、そこまでないだろう。

悪いのは、経営層だ。

東芝の場合、原発事業に投資して赤字を垂れ流した結果、経営がガタガタになってしまった。

東芝の社員の努力が足りないわけじゃない。

大きな組織のトップになると、現場の状況がわからなくなって、「みんなの努力が足りない」などと言い出し、スタッフたちの責任にしたがる。

しかし、本来はトップの判断の間違いで結果が決まってしまう。

ということは、逆も言える。

「上の判断がよければ、下がテキトーでもうまくいく」

テキトーは言いすぎかもしれないが、優秀な経営層がきちんとした戦略を立てていれば、末端はマニュアルの指示通りにさえ動いていればいい。

たとえば、マックスむらいさんがトップの会社が上場した。

そこのCFOという財務の一番偉い人が3000万円ぐらいを横領していた。警察沙汰になったのだが、要するにCFOがクソ野郎だったわけだ。

しかし、マックスむらいさんがユーチューブに懸けて、ユーチューブで仕事をして、動画を上げて、スタッフを増やして、商品を売って、上場して以降、いまでもきちんと経営は成り立っている。

スタッフにクソ野郎がいても、上の人の判断が正しければ、どうにでもなる。

しかし、物事の失敗は、判断する上の人たちの判断間違いのほうが原因としては大きい。

トップがどんな考えを持って、どんなビジョンを描いているのか。

それは一度、気にしておいたほうがいい。監視しておいたり、直接聞けるならそうするのも手だ。

だって、自分ひとりが頑張っていても、上の判断ですべてがムダになることがあるのだから。

あるいは、まわりを見回してみよう。

トップが優秀だからといってラクしている人たちが多いなら、それはそれで少し焦っておいたほうがいい。

環境がいいおかげで、自分の実力以上の成果が出ることはよくある。

それを自分の実力と勘違いしてしまうと、タチが悪い。

心の中で、「これは環境のおかげだ」と思うだけでいい。

それだけで、周囲の人たちから頭一つ抜きん出ることができる。

イチローさんが「努力を努力だと思ってる時点で、好きでやってるやつには勝てないよ」と言っていたが、僕もそれは正しいと思う。

たとえば、僕はゲームもやるし、映画も観るし、マンガも読む。たくさんの時間をエンターテインメントに費やすことが多い。

「毎日2時間、必ず映画を観てください」と言われても全然できる。

しかし、毎日2時間、必ず編み物をしてくださいと言われたら、たぶん1週間もしないうちに気が狂いはじめる。

好きではないものを強要されると、人はそれを努力と感じてしまう。

僕が映画を好きで観ているのは、努力だと思ってないし、好きでやっているから、それを圧倒的な努力で映画を観ていることになったら、それは逆に、映画が嫌いなことになってしまう。そうなると、映画が好きな人には勝てない。

たとえば会社組織で、社員が努力しないと回らない会社と、ダラダラしていても回る会社があったとしたら、きっとダラダラやって回る会社のほうが安定する。

徹夜してどうにかクリアしたとしても、それを毎週やってくれと言われたら、体を壊す。

仕事というのは基本的に、毎月働いてお金をもらって、次の月も同じように働くということを、何十年とやっていくものだ。

20代から60代後半ぐらいまで働くわけだから、無理しないで長く続けるほうが大事だ。

圧倒的な努力で徹夜を何度もやっていたら、いつか倒れてしまう。

若い人でも、うつ病になったりする。

本人が好きでやっているのはいい。テレビ局や広告代理店の人の中には、仕事が好きで好きでたまらないから、寝ないで十何時間働いているような人がゴロゴロいる。

それは好きで勝手にやっているから全然いい。

でも、「自分がやっているからお前もやれ」と言ってやらせるのは、ちょっと違う。

「頑張りは人に押し付けない」

「成功した人はすべからく努力をしている」みたいな神話があるけれど、努力していると思われるかどうかの問題だ。

　僕はたぶん同じくらいの年齢の人たちよりは、わりと幸せに暮らせているから、成功している側だと思うけれど、そんなに努力した覚えはない。

　努力したと思われるだけでいい。

　学生時代は、特許を取って一発当てるしかないと本気で考えていた。寝ている間にお金が入るものって、特許ぐらいしか思いつかなかったのだ。

　特許の成功例だけを聞くと、ほとんどはおかしな発想をする人がたまたま思いついたものばかりだ。

　いろいろなところに手を広げ、勘所を探り、うまくいきそうなものだけに集中する。そして、うまくいったら、それが「努力だったのだ」と後付けされる。

　それが真理だ。

「たまたま」を待とう。努力を押し付けるのはやめよう。それだけで、世の中はもっと幸せになるだろう。

ラクを追いかけてラクできない矛盾

「1％の努力」という言葉は、編集者からの提案だった。

僕はいままで頑張ってきたわけではないし天才タイプでもないけれど、こうやって野垂れ死んでいないわけだから、多少の努力はあったわけだ。

いろいろなところに首をつっこむことや、自分が勝てそうな場所を選ぶことは得意だった。

その思考の根っこの部分みたいなものをここまで書いてきた。

ここからは「1％の努力」の本質についての話をしよう。

仮想通貨バブルの前に仮想通貨を買っていた人は、ハッキリ言ってしまえば、何も頑張っていない。

なんとなく買っていたものが、たまたま高く売れただけで、なんの努力もない。

何かを成し遂げるとき、「どう頑張ったか」が100％必要であると認識されがちなのだが、たまたま日本人で生まれたら、ソマリアに生まれるよりラクであるというレベルの話で、努力で変わる部分は、実はものすごく少ない。

頑張りによってすべてを変えられる「努力が報われる社会」であれば、もっと優秀な人が出てきて日本はいい状態に変わっていたはずだ。

しかし、そうなっていない。

それなのに、なぜ努力神話があるのだろうか。

それは、ごく一部だけ、「努力できる」という才能を持った人がいるからだ。

その才能があれば、あらゆる競争に立ち向かうことができ、突破し、次第に勝つことに慣れていく。

受験競争を勝ち抜いて東大に入ったり、弁護士や公認会計士などの難関資格を取ることができたり、一部上場企業などに入ったりすることができる。

それもこれも、努力できる才能があるからだ。

そして、僕にはその才能がない。

努力できる才能がなければ、いくら頑張っても、正攻法では彼らに勝てない。

何かを成し遂げるために頑張らなければいけない場所を選んだ時点で、ちょっと頑張っただけでうまくいってしまう人に本気を出されたら、すぐに先を越される。

正面突破の方法だと、ハンデのついた100メートル走をやらされているようなもので、絶対に勝つことができない。

だから、自分にとって頑張らなくても結果が出る場所に行ったほうが、絶対にうまくいく。逆説的な話だが、それが真理だ。

「競争のいらないところに張る」

たとえば、金持ちと結婚すれば、ラクな生活ができると思う人がいる。

婚活パーティーで頑張ってしまうようなタイプだ。

金持ちと結婚してラクをするのが目的だったのが、いつの間にか自分磨きを一生懸命する「間違った努力」に変わってしまうのだ。

たしかに、一部の人だけは確率的にうまくいく。しかし、大多数が結婚できないことに変わりはない。努力はムダになり、結局、何も残らない。

そういうことが、この世にはゴマンとある。


僕はいま、「4chan」という英語圏のサイトを運営している。

2ちゃんねると同じく、アカウントがないのが特徴だ。

多くのサイトは、フェイスブックのように、アカウントを取得するタイプが主流だ。アカウント制であれば、1人1人、確実にユーザーを増やしていくことができる。

そういうサービスを作りたい会社は世界中にたくさんある。

一方で、みんなが匿名でダラダラ書き込むようなサービスは、トラブルが起こりやすいし、やってもしょうがないと思われている。

だから、その場所なら競争が少なくて、「自分でも勝てる」と僕は踏んだ。

日本の人口が減るということは、日本語を使う人も減るということだが、英語圏は違う。

長期的に見ても、英語を使う人がいなくなることは考えにくいので、英語圏の匿名掲示板は、ダラダラと続けていける。

ある程度、規模が大きくなってしまえば、何もしなくても回っていくので、努力は不要だ。

そういう仕事の選び方をしてきた。

頑張って手に入れるという選択肢を選んだ瞬間に、それは絶対に他の人に抜かれる。

先ほどの仮想通貨の例でいうと、みんなが怪しんでいるときに張っていた人が勝ち抜けて、儲かっている人をマネして後追いした人は儲からなかった。

これは、大体のビジネスでも似ている部分がある。

儲かるとわかった時点では遅い。

逆に、儲かってなさそうで、誰もやっていないところにこそ、チャンスが転がっていたりする。

そこに賭けてみるのがいい。一か八か全財産を賭けるのは勧めないが、失敗しても痛くない程度に張っておくのはいいだろう。

みんなで解決するという神話

「半ドン」という言葉を聞いたことがあるだろうか。

昔は土曜日にも学校があったのだが、昼には帰っていた。そのように午後が休みになることを半ドンと呼んだ。プレミアムサタデーといったほうが今っぽいかもしれない。

半ドンという仕組みは、日本っぽくていいと思った。

日本は、みんなで1つ1つ問題を潰して質を上げていく問題解決の方法で経済成長を遂げた。協力し合う雰囲気が重要だった。

すると、「じゃあ一杯飲んでから帰るか」という飲みニケーションが風通しをよくするために機能して、そうすることでチームになって問題解決ができたのだ。

能力に自信がある人は、社内の雰囲気など気にせず、勝手にどんどん仕事を進めていけばいい。けれど、優秀さは相対的なものなので、集団でいる限り、必ず平均以下の人は現れる。各社のエリートを100人集めても、その100人の中で下位の人たちは落ちこぼれになる。

いま、終身雇用が厳しくなり、能力のない人はクビを切られるかもしれない世の中になりつつある。

しかし、能力が低くても、「あいつがいると空気が明るくなる」という人は一定数いるので、責任の少ない仕事を任せて、彼らをコミュニティに置いておくメリットはある。

「自分は『いい人』に見えているか？」

別の本にも書いたが、グーグルでは、仲間の和を乱さない「いい人」を率先して採用する。ヘタに競争してギスギスするよりも、グーグル内の平和なコミュニティでのびのび仕事したほうがうまく回るからだ。

あなたの会社は、どちらのパターンだろうか。

金を稼ぐ目的だけに特化して集まっているのか、コミュニティとしての帰属意識もあるのか。

会社によって雰囲気は違うと思うし、どちらが正解というわけでもない。

ただ、自分が求めていることと違うタイプの環境だと最悪だ。

仕事だけしていたい人が社内イベントの幹事をさせられるのは苦痛だろうし、その逆も然りである。

能力が数値化されて、しかも個人の売上と完全に一致している仕事なんて少数派だ。もっと、みんなでダラダラとうまくやっていく方向を探ってもよいのではないだろうか。

広告代理店だと、1つのプロジェクトに対して、「あの仕事は俺がやったんだよね」

と言いふらしている人がたくさんいて、全員を足していったらプロジェクトメンバーより多かったという笑い話もある。

それくらい、ゆるくてもいい。

頭のいい人が引っ張っていくアメリカのような戦い方をマネしても、たぶんアメリカには勝てない。

だから、集団で物事をうまく解決して仲良くやる方向を攻めたほうがいいし、明るさや人当たりのよさなどで組織に「見えない形」で貢献する道も残したほうがいいと思うのだ。

自分のキャラを考えて、「いい人」として生きていくのも、「1%の努力」のひとつかもしれない。

みんながみんな、出世や競争だけを考えて生きていくのは息苦しい。

ここまで本書で語ってきたように、自分のタイプに合った働き方を見つけよう。働き者か、そうでないか。どちらの道があってもいい。

社会システムが悪いんだ

世の中、「努力100%」という信仰で溢れかえっている。

しかし、考えてもみてほしい。

ありとあらゆることにおいて、「100%自分の実力だ」と言えることは、実は少ない。

遺伝子か、環境か。

先天的か、後天的か。

そういった視点も、幸せに生きるためにはある程度、必要だ。

本人がモテる努力をして恋人ができたとしても、元々の顔のパーツがよかったから、つまり遺伝子の影響もあったと言うこともできる。

このように、決定的な要因は1つではなく、さまざまなことが絡み合って、人生は成功へと導かれていく。

その事実を受け入れるための話をしておこう。

まず、多くの人は、「自由意志」を大きく扱いすぎている。

自由意志とは、「よし、これをやるぞ！」とハッキリと自分で意識して、その上で努力によってそれを成し遂げるような力のことだ。

お金儲けの本やダイエット本などは、この自由意志が正常に機能することが大前提として書かれている。

すると、お金が稼げなかったり、痩せなかったりするのは、「あなたの意志が弱いからだ」と著者は言い逃れができる。

合格実績をウリにしている予備校や家庭教師も、最終的には「あなたの頑張りが足りなかった」と言うことだってできる。

ある意味で最強の思考法である。

さて、この「自由意志」によって人生を変えられる範囲は、一体どのくらいあるのだろうか。

僕は、ゼロではないが「とても少ない」と思っている。

たとえば、景気の良さと自殺率は関連するし、「序文」に書いたように、お金持ちの家に生まれたほうが、いい学校に進学できる。

これは社会学の領域になるが、個人の行動は、環境によって「ある程度」は決められてしまっているのだ。

ここでの「ある程度」という表現がポイントである。

親が医者だから子どもも100%医者になるわけではない。それはみんなわかっている。

しかし、子どもも医者になってほしいと、親や親戚はなんとなく望んでいる。

子どもも、幼い頃からなんとなく意識する。

毎日の思考に影響すると、大学受験を考える頃に、医学部を選び「やすく」なる。

「医者になるよ」と言ったとして、反対する人も少ないだろう。

そうなると、逆のことも言える。

親がだらしないと、子どもも金遣いが荒くなったり、大学や高校に行かなかったりしやすくなってしまう。

そんな環境に育った子に向かって、「お前が頑張らないのが悪い」「お前の頭が悪い」というように、100%自己責任で責めることは、してはいけない。

「何か環境や遺伝子による影響があったのかもしれない」と想像力を働かせてみよう。

「これって、遺伝子なのか、環境なのか？」

努力か、遺伝子か、環境か、どれか1つが100%ということはあり得ない。

ただ、一代で成功したスポーツ選手や起業家には、「努力100%」のバイアスが染み付いてしまっている。

これが実にやっかいだ。

自分が成功できたことを、100%、自分の実力と思ってしまう人は、他人にもそれを押し付ける。

熱い言葉を本やブログに書いたり、ドキュメンタリー番組で話したりする。

メディアもそれを求める。

「成功した秘訣はなんですか?」

「死ぬほど努力したからです」

そんなやりとりは、これまで何百、何千とされてきたことだろう。

僕のように、「たまたまです」と答えてしまっては、メディア受けしないし、本にもならない。

本書では、「たまたまうまくいった」という正論を出した上で、それでも「何かちょっとでも考え方によって変えられた部分」として、1%の努力という落とし所を探ってきている。

そのへんは、ちゃんと読者が判断できるだろうと思うので、それに委《ゆだ》ねたい。

いずれにしても、「100%の努力」を言い出す人を認めてしまうと、人にそれを押し付けることも容認することになってしまうので、僕は徹底的になくしたいと思っている。その押し付けによって、パワハラや過労死が起こるからだ。

あるいは、アルコール依存症や薬物依存症は、意志の力ではどうにもならない。手に入りやすい経路を絶ったり、医療を受けられるようにしたり、治療後に復帰できるような環境を整えたりすることが必要になる。

エピソード4では、「ポジション」の話をしてきたが、社会がどうなのか、自分の所属する家族や会社などの集団がどうなのか、それによる影響は大きいことを忘れてはならない。

遺伝子や環境がどうだったのか。

一歩引いてみて、自分だけのせいにせず、「1%の努力」で変えられる部分はどこなのかを考えてみるのだ。

そうやって考え方のクセを変えることで、人生はラクになる。

100%遺伝子のせいにして、親を恨みながらコンプレックス解消しか考えなかったとしよう。

整形をして顔を変えれば、一瞬の安らぎは得られるかもしれない。

けれど、すぐに顔の他の部分が気になってくる。頭の良し悪しや身体能力まで親のせいにするはめになってしまう。

顔の整形よりも、考え方を整形したほうがたくさんの人を救える。

権威に弱い自分

次に「環境」をどのように捉えればいいかについて話をしていこう。

あなたは、「権威」に弱いだろうか。

かくいう僕も、医者や学者の言うことは聞くから、権威に弱いと言えるかもしれないので、程度の問題だ。

その程度を確かめる1つの判断軸がある。

「自分は先輩に歯向かえるか?」

どうだろうか。

骨の髄まで体育会系が染み付いている人は、先輩に歯向かおうという意識が端からない。

疑うことすら悪いことだと思っている人もいる。

それだけ権威に弱いのであれば、従順に生きたほうが幸せだ。いまさら無理に戦う必要はない。そういうことを僕は勧めない。

社会の中で、1年でも早く入社しているほうが偉いという価値観は、官僚の世界が有名だ。

事務次官のポスト1つを巡って、出世レースが繰り広げられる。何年に入省して、東大の何学部で、というのが重要な要素だ。

官僚じゃなくても、普通の一般企業でも、そつのない人が年齢順に出世していく。

これは、昔からの社会システムの影響がある。

昔の日本は、長男が全部の財産を引き継いで、次男や三男は勝手に生きていくようなことが当然とされていた。今もその名残はある。

いわゆる家父長制であるが、その社会システムを持っている国は、「権威主義」が強い。

偉い人が決まったら、それに従うのが当たり前になり、偉い人が決めることを無意識に受け入れてしまうのだ。

頭のいい三男が文句を言っても、長男が決めたことは絶対だ。

そういう家族制度の国は、外の社会でもそれに倣《なら》い、父親や長男が、社長や上司に置き換わるだけになる。

だから、実際に兄弟がいるかどうか以前に、社会システムとしてどういう家族形態を取っている国なのかで、考え方にまで影響が及ぶ。

家父長制では親から、「家督はお前に継がせない」と言われると、すべてがなくなってしまう。

だから、どんな理不尽なことも受け入れてしまう。

ちなみに僕は留学時代、「先輩が言うことは絶対だ」なんて考え方はまったく感じなかった。

個人が主張し、おかしいと思ったことはおかしいと言う。アメリカはそういう環境だった。先輩、後輩のような関係は、ない国にはない。


大陸と島の違いもある。

島国の場合は手に入る食料と分ける人数がおおむね決まっている。

一方、大陸の場合は、隣の国が襲ってきて全部取られることもあれば、広大な土地で少人数で大量生産できたりもする。

その違いがあると、島国の人たちは、一生懸命に取り分を増やしたり食料生産を多くしたりするより、自分が偉くなって「配分を決める人になる」という戦略を考える。

誰からも文句を言われず配分を決められる人になることがゴールになる。

昔話のように聞こえるかもしれないが、つい20数年前、バブルが崩壊するまでは、当時の大蔵省が決めたことに、みんなで従っていたのだ。

権威に弱い国民性を、いまだに引きずっている部分がある。

アメリカや中国では、小さなベンチャー企業がいきなり大企業と取引を始める例がよくある。

それは、どちらの国も契約社会が成立しているからだ。

日本でも契約はあると反論するかもしれないが、本当の契約社会というのは、お互いの利害が一致していないのが当たり前という前提で契約をする。

だから、お互いが自分の取り分を増やしたい思いがあるままなので、利害は一致していない。

「一部だけが一致しているから、ここの部分だけやりましょう」という状態で契約し、その後、もし揉めたときは裁判で解決する。

日本の場合、契約書が後回しだったり、契約書の文言を読まないでハンコを押したりするが、それはお互いの利害が一致したという前提で仕事をするからだ。

だから、利害が一致してなかったり、なんとなく信用の置けない無名な会社だと契約をしない。

その代わり、契約した会社とは、未来永劫、一心同体のような関係になる。大企業や有名企業であることが、大きなステータスとなるのだ。

ビル・ゲイツが、ウィンドウズで世界を席巻できたのは、日本とは真逆のアプローチだった。

当時、ＩＢＭが作っていたパソコンにＭＳ－ＤＯＳというマイクロソフトが作ったソフトウェアを載せることになった。

マイクロソフトという、聞いたこともないシアトルの会社で、しかも学生がやっている弱小企業と、大企業のＩＢＭがなぜ契約したのか。

それは、実際にプレゼンがうまくいったからだ。

実物のソフトを見せて、「ちゃんと動きますね。じゃあ、ぜひやりましょう」という判断が下されたのだ。

日本の大企業ならば、目の前でちゃんと動いたとしても、「信用できない」「実績がない」と、空気的な理由をつけて契約しないだろう。

日本はそのような社会なので、僕は「小さな企業で苦労するより、まずは大企業に入ったほうがいい」と言っている。

みんな権威に弱いのなら、権威を身に纏《まと》えるようにポジションをとるほうがいい。同じ理由で、偏差値の高い大学に行くほうがいいだろう。


さて、本書のキモである「1%の努力」の話をしてきた。ということで、僕の努力の話で締めくくろう。

2009年に、僕は2ちゃんねるを譲渡した。

運営するにあたって、僕のやることはほとんどなくなり、掲示板のシステムは何もしなくても回るようになった。

手放してみてわかったことは、「何も変わらない」ということだった。コンテンツにとって、運営者や管理人が誰なのかは重要ではなかったのだ。

その後、ジム・ワトキンス氏による「2ちゃんねる乗っ取り事件」などが起こったが、僕は最高裁で勝訴し、「2ちゃんねる」の商標権も持っている状態である。

結果よければすべて良しなのかもしれない。

また、僕はいま、4chanという英語圏の匿名掲示板の管理人をしているということは先に述べた。2ちゃんねると4chanでやっていることの違いはあまりない。どちらも同じ思想だ。

僕にしか判断できないような事象が起こって、それに対処する。2ちゃんねるだったら警察からの連絡だったのが、4chanだとFBIなどに変わっただけである。

本質的に、やっていることは同じだ。

じゃあ、他の言語圏はどうだと聞かれることがあるが、マーケットとして成立しにくいのではないかと考えている。

僕の知り合いが、スペイン語圏で似たようなサービスをしているが、そんなに広告収益が上がらないようだ。メキシコのように多言語が話せるような国であれば、多くは英語を使うという。

また、フランス語圏で同じようなことをしている人からも状況を教えてもらったことがある。

フランス語圏となると、植民地だったアフリカの地域なども視野に入ってくるが、まだ掲示板を見るような文化になっていない。ヨーロッパ内で見ても、フランス語圏はそこまで多くなかったりする。

ブログが生まれた頃に、世界中のインターネットのブログの言語量の7割が日本語だった時代があった。日本語圏は1億人でもそういうマーケットが成立するので、やはりおいしいことなのだ。

そう。世界レベルで見ても、1%の努力でうまくいくところに、僕は狙いを定め続けている。

エピソード６

明日やれることは、今日やるな

――「パターン化」の話

コードを書いているときに不思議なことが起きる。うまくいくときはどんどん書けるし、うまくいかないときは全然書けない。

早めに諦めて寝て、次の日になると、あっけなく解決してしまうこともある。ダメなときに、素早く諦めることも、「1%の努力」には必要な要素である。徹夜して体を壊したら、元も子もない。

僕の座右の銘は、「明日やれることは今日やるな」だ。

明日になったらやりそうもないことだけ、その日中にやるようにしている。

2ちゃんねるが成長していた頃は、週休4日だった。浪人時代からずっと、ダラダラと過ごす生活が続いているようだ。

そういう時間の使い方ができるかどうかは、その人のタイプによる。全員におすすめするわけではない。

あなたがそんなマインドかどうか、適性にまつわる話をしていこう。

僕は天才タイプじゃなかった

自己分析が苦手な人が多い。

向いていないことを必死に努力しても、報われない。

それなのに、生存者バイアスで物語は語られる。

たとえば、戦地において、100人が戦場に駆り出されたとする。

1人が生き残り、99人が死んだとしたら、その1人の声は残るが、残りの99人の声なき声は語られることがない。

その1人の語りが、残りの99人の代弁者になりえてしまう。錯覚が生まれるのだ。

そういう錯覚を乗り越えなくてはならない。

じゃあ、自分に何が向いているか。どう考えればよいのだろう。

僕はロジックを重視する側の人間だが、ロジックが通じない側の人たちのことを語る必要がある。そこで、パターンに分ける視点が重要になってくる。このエピソードでは、「**パターン化**」がテーマだ。

ロジックは大事だが、それに依拠してばかりいると、縮小再生産になってしまう可能性がある。

「他局でこれだけの視聴率が出ている。だから同じ企画をやろう」

テレビ局でそういうことをすると、似たような番組ばかりが乱発されて、縮小再生産になってしまう。

だから、論理構造だけで世の中が動くのは面白くない。

そこで必要なのが、頭のおかしな狂気を持った人だ。スティーブ・ジョブズのように、論理を飛躍させて階段を何段も飛ばしながら駆け上がるような人である。

もし、身近にそういう人がいるならば、ついていくメリットはあると思う。引き際もあるだろうし、消耗するかもしれないが、ワンチャン狙って近づくのはアリだ。

だから僕は、サービス作りの「ゼロイチ」の部分は、論理だけで考えるのは好きじゃない。ただ、天才にはなれない。誰も思いつかないようなアイデアを実現している人を見ると、「僕には無理だな」と思う。

他人の考えたものを説明するのが好きだし、伸ばせる部分を見つけたり、改善点を指摘したりするのは得意だ。

人生を振り返ると、僕なんかより面白い発想をする人がたくさんいた。けれど、結果的に僕のような人間が企画の仕事をしている。

面白いことを考えつく人は、守るべきものができると、途端に面白くなくなる。恋人ができたり、家庭を持ったり、会社で出世したりすると、天才が天才でなくなってしまう。

40歳を過ぎて周囲を見回すと、そうやって面白くなくなった人ばかりだ。

ロジック側の人間が勝つ方法がある。

映画やゲームなど、エンタメにたくさんの時間をつぎ込むことだ。質で勝てないなら、量を徹底的に増やすしかない。

マンガを10時間ぶっ続けで読むとする。すると、「ああ、10時間もムダにしてしまった」と考えてしまう人がいるようだが、僕の場合は違う。

「10時間もエンターテインメント業界を勉強した」

そのように考える。

誰よりも映画観賞やゲームをやっている。だから、手札をたくさん持っている。考え方ひとつで武器に変わる。

2ちゃんねるは、「あめぞう」という掲示板をマネして作ったと先に書いた。ニコニコ動画も、ユーチューブにコメントを載せる仕組みを作ったドワンゴの社員がいたので、それに乗っかっただけだ。

どちらにも、ゼロからアイデアを生み出す力は必要なかった。

ただ、これまでのエンタメの蓄積があったので、「あ、それは面白いかも。こうすればもっと伸びるかも」という提案ができた。

ゼロイチの人は、面白いアイデアを考えつく可能性がある反面、アイデアにしがみつく傾向がある。

「自分が思いついたんだから、面白いに違いない」と、自信満々なことが多い。

だから、僕のように客観的にものが言える人は重宝される。

イエスマンになるのではなく、思ったことをちゃんと言うことで、立場を勝ち取ったほうが、あとあとラクだ。

僕が本を出すときもそうだ。

「何か書きたいものを書いてください」

そう言われてしまうと、何も出てこない。

けれど、編集者が「ひろゆきさんのこの部分を伝えたい」とゼロイチの部分を持ってきてくれれば、そのイチに対して持っているものを足していくことができる。


仕事をする人は、次の3タイプに分かれる。

① 0から1を生み出す人
② 1を10にする人
③ 10を維持しながら11、12……にしていく人

先ほど述べたゼロイチのタイプの人は、「①」だ。

自分のアイデアを愛し、まわりを巻き込みながら没頭することができる人である。アイデアに対する自信は、ときに武器に、ときに足かせとなる。

そうやって出来上がったものを「②」の人が改善して大きくしていく。コネや経験を持っていることや、人付き合いがものをいう。

最後に、成長が止まった後、それを維持する人が「③」だ。大企業に就職して忍耐強く働くようなタイプだ。

世の中的には、「③」の人が冷遇されるようになってきているが、彼らには絶妙なバランス感覚が要求される。大きな組織で新しいことをするとなると、周囲を無視したパワープレイよりも、まわりを調整しながら計画的に実行する慎重さが必要になる。

一度大きくなった組織は、方向を変えるときに多大なエネルギーを必要とするのだ。

その過程が面倒になって会社を出ていくような人は、「①」「②」タイプである自信があるならばいいだろう。

ただ僕は、「③」として戦っている人を地味に応援している。

「ゼロイチ以外でできることは何か？」

世の中的に、ゼロイチの「①」タイプがあまりに礼賛されすぎている。

起業家やクリエイターが、「アイデアを出せ」と言ってしまうのは、ここまで僕が否定してきた努力論と構造が似ている。

漫才コンビが2人ともネタを考えるタイプだと、意見がぶつかってしまう。1人がゼロイチでネタを作り、もう1人が文句を言わずにやるほうがうまくいくものだ。

ゼロイチのパターンは、できないのであれば、潔く諦めたって別にいい。197ページで述べたように、会社の雰囲気をよくするためのポジションだってある。

誰にだって、他の道が残されている。それを見極めたほうがいい。

ヒマをヒマでなくす技術

先ほどの「③」のタイプの説明を聞いて、どう感じただろう。

「つまらない」と感じる人も多いのではないだろうか。そんな人におすすめなのが、「試行錯誤」を入れてみることだ。

接客業であっても、毎日ダラダラしていてはつまらない。

「今日は、お客さんの名前を聞くようにしてみよう」

「『ありがとうございました』だけは目を見て伝えるようにしよう」

そうやって何か1つでもテーマを決めて、実際にやってみる。

そして、終わった後に、感触を確かめるのだ。

名前を聞いたときのほうがたくさん注文が取れるかもしれないし、目を見てしまうと押し付けがましい雰囲気が出てしまうかもしれない。物は試しだ。

シミュレーションするときのポイントは、論理的な反省ができるかどうか。そうすることで、退屈な仕事もゲームに変わる。

「今日はなんの実験をしてみようかな?」

ちなみに僕はゲームが好きだが、それは、計算したり記憶したりする要素が多いものだけだ。サイコロを投げるだけの運試しゲームや瞬発力を要求されるだけのアクションゲームには、面白さを感じない。

アルバイトの話にも共通するが、人を相手にしている仕事は、最大のゲームである。人を動かすことほど、試行錯誤が試されるものはないかもしれない。

スタンフォード大学の法学者・ローレンス・レッシグによると、人間の行動を決める要因は、次の4つだそうだ。

① 道徳
② 法律
③ 市場
④ アーキテクチャー

たとえば、家族でお酒をやめさせたい人がいる場合に当てはめてみよう。

1つ目は、お酒を飲むことへの罪悪感を植え付けること。これは、家庭環境などに影響する。こうしたモラルについては、本エピソードの後半で掘り下げる。

2つ目は、お酒を飲んではいけないルールを作り、それを破ると厳しい罰を与えること。まわりの監視と協力が必要になる。

3つ目は、お酒の価格を上昇させて、買えないようにすること。具体的には、お小遣いを減らせば、お酒を買うことをやめやすくなる。

4つ目は、お酒を飲めないような仕組みを作ること。たとえば、移動手段を電車から自家用車に変えると、飲んで帰るようなことができなくなる。

この4つのツールに当てはめてみれば、試行錯誤がしやすくなるだろう。

天才を支える人

ニコニコ時代の僕の役割は、221ページの「②」のタイプだった。

1人の突出した才能を中心にコンテンツを作ったほうが産業全体は活性化する。新海誠さんのように突出した才能に対して、「これいいね」と思う人が出てきて、プロデューサーが付いてお金になる状態というのが理想だ。

1人の才能を育てるために、周囲ができることはなんだろうか。

クリエイターは優秀で狂った人が多い。お金があることよりも、仲の良いスタッフと組めるかどうかが重要となる。

その仲の良いスタッフが、仮に優秀じゃなかったとしても、組織としてそれを認めるかどうか。

197ページの「いい人に見えている」がここで効いてくる。「面白いものを作れる」ということは、「人とは違う」ということと同義だ。程度の差はあれど、狂気を持ち合わせている。

その狂気の部分を、周囲がサポートできるかどうか、気持ちいいと思って働ける環境を用意できるかどうか、狂気を才能と信じてプロデュースできるか。

外からは見えにくい部分ではあるが、内部にとっては重要な要素だ。


1つは、マネジャーに徹するということだ。

その才能に対して、「社会に向けてこういうアウトプットをしたほうがいい」と助言できる人を横に置く。

たとえば、国民的マンガ家の鳥山明《とりやまあきら》さんを発掘した「ジャンプ」の元編集長・鳥嶋《とりしま》和彦《かずひこ》さんは優秀なマネジャーとして有名だ。

『ドラゴンボール』や『Dr.スランプ』をヒットさせたが、それよりもすごい功績がある。

鳥山さんに加え、当時「ジャンプ放送局」にいた堀井雄二《ほりいゆうじ》さんに物語を書かせて、作家たちを組み合わせることで、ロールプレイングゲーム『ドラゴンクエスト』を生み出した。

物語を作る人、絵を描く人……と分けて、分業制で作っていく、ピクサー的なやり方だ。

ただ、そのやり方には欠点もある。

短期的な「いま生きている人が見たいものを作る」というマーケティングの発想になりがちなので、ヒットを生み出せたとしても安く消費される側面がある。

3年後には誰も見ていないなんてことも起こりうる。コンテンツとして良質なものができるかどうかとはまた別問題だ。

また、マンガ『ワンピース』にはこんな話がある。

作者の尾田栄一郎《おだえいいちろう》さんには担当の編集者が付いている。

その人は、尾田さんの電話番号しか入っていない携帯電話をずっと持っていて、何をしていても寝ていても、鳴ったら絶対に取るという。

別に尾田さんから「それをやれ」と言われているわけではない。

ただ、サラリーマン編集者として、超最重要な任務を任されているわけだ。万が一、尾田さんがヘソを曲げて、「他の雑誌で書くよ」と言い出したら、会社として大損失になってしまう。

その模様がテレビに取り上げられていたのだが、「収録中でも僕はその電話は切りません。いま鳴ったとしたら、迷わず電話に出ます」と言っているのが潔《いさぎよ》かった。

「身近に支えたい人がいるだろうか？」

トップクリエイターを隣で支える道として、そういう仕事の仕方だってある。

これは別に超絶有名な人だけに限らない。あなたの業界で、あなたの会社で、「この人を支えよう」と思える人が1人でもいれば十分だ。そして、気に入られるような頑張り方ではなく、その人の才能を伸ばす方向でやれることを考えてみよう。

頑張る方向を見定める

仕事のタイプについて話してきたが、自己分析のために、もう1つ、僕が勧めている方法がある。

それは、小学校時代の「夏休みの宿題」への取り組み方だ。

子どもの頃、誰しもが、夏休みの宿題と向き合わざるを得なかったことだろう。それによって、才能のタイプは見分けられる。

① 早めに終わらせる、あるいは毎日コツコツやるタイプ
② 自由工作や絵などに時間をかけて取り組むタイプ
③ 最終日が迫ってきて慌ててなんとか間に合わせるタイプ

この3つのタイプがあり、それぞれに合った部分を集中的に鍛えれば、頭一つ抜きん出た存在になれる。

順番に見ていこう。

まず、「①」は、一見すると凡人のように見えるが、計画性があるのも素晴らしい才能のひとつだ。

勉強に向いているので、知識を貯めていく方向で頑張るといい。

知識だけということになると頭でっかちのように聞こえるが、経験と結びつけば、あなた特有のオリジナルな考えになる。その方向を攻めてほしい。

「②」は、時間をかけても仕方ないようなことに、時間をかけてしまうタイプだ。

教師を納得させることより、自分が納得することのほうに重きを置く。もしかすると、人嫌いかもしれないが、1人で黙々とできることも才能のうちだ。

社会ですぐには認められないようなことに、ぜひ取り組んでほしい。本業でも、副業でも、趣味でも構わない。

最後に、「③」だ。僕はこのタイプの人間である。

突発的なことに対処する能力があり、「やばい、やばい」と言いつつも、心のどこかで祭りのように楽しんでしまえる才能がある。

リスクマネジメントや、対人による交渉ごとに向いている。そのスキルを磨こう。

さて、あなたは、どのタイプに当てはまっただろうか。

「夏休みの宿題をどうやって片付けただろう？」

それを一度、思い出してみよう。

もし、「①」タイプなのに、「③」の領域であるクレーム処理のような仕事を任されると、いずれ心を病んでしまうかもしれない。

自分のタイプを大人になってから変えようとすると、相当なエネルギーを必要とする。性格を変えるようなものだからだ。

割り切って、「これはやらない」と生き方を決めてしまうのも、戦略として正しい。

それもこれも、「ポジション」であり、自分がどこにいるかがわかっていることのほうが重要だからだ。

221ページの3つのタイプと合わせて見ることで、より自分の向き不向きがハッキリしてくるだろう。ぜひ、考えてみてほしい。

ゼロからの実績づくり

仕事において成長曲線を描くためには、まず「最初の実績づくり」が目標となる。

エピソード4で「ポジション」についての話をしたが、いろいろ口を出せる立場になれるかどうかは、「実績」があるかないかで大きく違う。

悲しいが、これが現実だ。

僕の場合、最初の実績のために「論理的に説得すること」に重きを置いた。

ゲームと映画にかなりの時間を割いていたので、エンタメの「面白さ」を語ることには自信があった。

大体のウェブサービスには、エンタメの要素がある。完全にツールになっているものは少ないので、面白いと感じる要素があるのだ。

過去に見てきたウェブサイトのインプット数が多いので、それを例に出して論拠にするようなことをしていた。

インプットの数を増やしておくしかない。

それが、僕のバックグラウンドの部分だ。


2ちゃんねるがそんなに有名じゃない頃に、似たような仕事を頼まれたことはあったが、打率は低かった。

NECがBIGLOBEという掲示板をやっていたときに、FIFAワールドカップの時期にプロモーションをやりたいと言われて、相談に乗ったことがあった。

ワールドカップのような大きなイベントであっても、「テレビで見ながらグダグダ話す」というのがユーザーの行動だろうと思った。

「ワールドカップの掲示板を作ったらページビューが伸びますよ」

というような説明をしたが、あまり理解はされなかった。

その後、ワールドカップが始まると、案の定、2ちゃんねるのほうのサーバーは落ちまくった。

もし、BIGLOBEの側でサイトを作ってプロモーションをしていれば、たくさんのユーザーが来ただろうに、「そら見たことか」となったのだ。

論理があっても、聞いてくれる耳を持たれないとダメだ。

ということは、1つでも大きな実績があれば、かなり有利になるということの裏返しでもある。

「いま、実績を持っているか?」

それを自分に問うてみよう。僕だって、最初は提案して断られて、提案して断られて、ということを何度も繰り返した。その部分に嘘はつかない。

ただ、歯を食いしばって痛みに耐えながらやったわけではない。好奇心が先にあって、すべての経営者のパターンを網羅するつもりで臨んだ。

徐々に、現場がラクになることより、ラクに儲かる方法を経営者側が好むことがわかってくる。

どこに問題点があって、どこを詰めればいいのか。

その勘所を探る過程を楽しめるか。

テレアポのバイトと同じように、人をパターン化しながら、「こう聞けば、こう返ってくる」というモデルを頭の中で作り上げていく。

すべてコンプリートする頃には、僕に2ちゃんねるの実績ができていたので、一気に人生が簡単になった瞬間があった。階段を行ったり来たりしていたのが、いきなりエレベーターに乗って最上階に到着したような感覚だった。

177ページのイス取りゲームのように、成功はじわじわ訪れるのではなく、最後に到達するものだ。

お金儲けの上にあるもの

今まで会ってきた経営者で、ラクしてお金を儲けることを否定する人は、ほとんどいなかった。

そこを突いていくのが正攻法だ。

お金がないなら、お金を出してくれる人を口説いて連れてくる。優秀なエンジニアがいないなら、優秀な人を見つけてきて発注する。人件費が高いなら、海外に仕事を出す。

それが最も効率的だった。

ただ、アメリカ人の経営者と話をしたときにショックを受けたことがある。

「我々はお金には困っていない。なんでこれをやるのか、その意義はなんだ」

そう問われたからだ。

そうなってしまうと、議論がまとまらなくなった覚えがある。

大義名分を求めるような人とは、あとは「相性」しか残らない。フィーリングや価値観が合致するかどうかは、男女が結婚するのと同じだろう。

それでビジネスがうまくいかなかったとしてもクヨクヨする必要はない。

「この人は何を求めているんだろう？」

それを一致させることに集中しよう。

人間の脳は、ある程度モデル化して覚える仕組みになっている。

こればかりは、数をこなすしかない。

それをやった上で、「実績がないからダメだ」と言われたら、大人しく引き下がるしかない。日本では、そうやって判断されてしまうものなのだと諦めよう。

「リスク（Lisk）」という仮想通貨がある。

そこの創業者の人とビジネスの話をしたことがある。

リスクをみんなが使うようになって便利になることが目的としてあり、「売上をあげる」という概念がなかった。

どうやったら便利になり、どうやったら他のサービスが乗ってくれるかを考えるのみで、お金を稼ぐという概念がないビジネスは新鮮で面白かった。

そういう仕事は、新たな経験としてやっていきたいと思っている。

予測不能なものに対価を

一度でも大きな実績を上げてしまえば、パターンから外れたものを楽しむ領域に入る。そうなれば、人生はとても楽しくなる。

今週を振り返ってみて、1つでも「新しいこと」はあっただろうか。

子どもが生まれたり、転職が決まったりなど、大イベントはそうそう起こることはない。

だから、「新しい人に会った」「新しいものを食べた」「新しい概念を知った」など、些細なことでもいいので、新しいことを1つ挙げられるだろうか。

パッと出てこなければ、あまり人生を楽しめていない可能性がある。

これまで書いてきたように、「片手を空けておくこと」や「人とちょっと違う部分を探すこと」などが役に立つだろう。

僕の場合は、次のようなルールを作っている。

「予測不能なものにだけお金を払う」というものだ。

知らない唐辛子があれば食べてみる、見たこともない飲み物は飲んでみる。あるいは、話の中で聞いたことないキーワードがあれば調べる。

「この1週間で、『新しいこと』はあっただろうか？」

ぜひ、それを思い返してほしい。

僕はたまに、ユーチューブライブをしている。

そこでよく聞かれることは、「なぜ、そんなに物知りなんですか？」という質問だ。

別に僕は、博学でもなんでもない。知っていることを話しているだけだ。

ただ、世の中から見ると、物知りに見えるということは、当たり前のようにやっていることで差がついているということだろう。

それがまさに、「予測不能なものにだけお金を払う」ということであり、「知らないことは潰していく」という習慣だったりする。

同じ場所で、同じものを食べ、同じ仕事をし、同じ人間とだけ付き合っていれば、それは人前で話すコンテンツがないのも当たり前だ。

パターン化したら、次にいこう。別パターンを楽しめる領域にいこう。予測不能なものを体験しよう。

そうすることで、仕事にも人生にも、ある程度は楽しんで取り組むことができる。

個人主義の度合い

この章では、主に仕事の「パターン化」と、そこから抜け出すことの楽しみ方について話をしてきた。

最後に、モラルの有無を自己分析してみよう。

なぜなら、それを確かめた上で、僕のような「働かないアリ」になれる素質があるかどうか、最後のエピソードを語ろうと思うからだ。

世の中には、いいタイプと悪いタイプがあるのではない。自分のタイプと合うことができる人と、合わないことをする人がいるだけだ。

働きアリは、働きアリとして生きるのが正しい。働かないアリは、働かないアリとして生きるのが正しい。

それを分ける決定的な違いの話だ。

フランスに住んで気づいたことは、公衆トイレが少なく、お店があまりトイレを貸してくれないということだ。もちろんお客さんには貸すのだが、客以外には厳しい。なぜ、そうなっているかというと、みんながトイレットペーパーを持っていってしまうからだそうだ。

日本では、「誰も盗らないよね？」というモラルがあった上で、公衆トイレもお店のトイレも設計がされている。

一部の人は盗むのだが、全員がそれをやりはじめると、公衆トイレは成り立たなくなる。そういうモラルの部分は、世界的に少なくなっていくのではないかと僕は思っている。

それも時間の問題なのではないか。

経済的に厳しくなると、要領よく暮らさざるを得なくなる。

ウナギやマグロが絶滅に向かっているのだが、それと同じ話だ。

全体としてモラルが減っている中で、「自分1人くらいやっても大丈夫だよね」と思ってしまう心理だ。

その流れは不可逆的だ。

僕は大学時代、お金がなさすぎて大学のトイレットペーパーを持って帰っていた。さすがにいまはしなくなったが、もし経済的に苦しくなったら、それをやる可能性もゼロではないと思っている。

そういった意識が、あなたにあるだろうか。

あったほうがいいという話でもないし、なければないに越したことはない。だが、それだけ日本も余裕がなくなっている実感があるし、僕は、そういう人に向けて生存方法をアドバイスする立場だと思っている。

前置きが長くなったが、ここで1つ質問だ。

あなたは道を歩いていて、どうしてもトイレに行きたくなった。

通りかかったのは、コンビニだ。

コンビニでトイレを借りた後、「何か買わなくちゃいけない」という気持ちが湧き上がるだろうか。

ガムやお茶など、100円くらいで、あっても困らないようなものを、あなたは買うだろうか。それとも平気な顔で店を出るだろうか。

ここに、あなたのモラルの部分、つまり個人主義の度合いが表れる。

「自分は『お返し』をしようと思うタイプか？」

これは、教育や環境によって左右されることでもある。

育ちがいい人や、裕福な人には、「お返しをする」意識が自然と芽生えやすい。

しかし、僕のように、貧乏な団地を見て育ったら、その意識は欠如する。

だから、自分の個人主義の度合いを最後に知ってもらった上で、自分の話で締めようと思うのだ。

皮肉な話だが、コンビニ店員にとっては、トイレを借りたからといって、あなたが何か買っても買わなくても、どちらでもいい。むしろ、何も買わないほうが、レジの仕事が減ってラクだったりする。あなたの気持ちの問題でしかないのだ。

僕のような考え方で経営者を見ると、タイプの違いは強く感じさせられる。

経営者であれば、コンビニ経営の側になって考えるだろう。すると、トイレを使用したぶん、何かを買ってあげないと、売上につながらないなと考える。

そこに、「バイトでダラダラしたい学生フリーターの気持ち」という理解力は働かない。

そもそも経営者というのは多忙だ。

ＩＴ企業の経営者でも、ネットを長時間見たり、ネット上で何かを作ったりする、いわゆる「暇人」たちの気持ちがわからなかったりする。

ネット民たちの気持ちがわからない経営陣が判断の権限を持つと、彼らを喜ばせる企画を選ぶことができないと僕は思っている。

いい企画が現場から上がってきたとしても、サービスとして世に出ない可能性が高い。だから、企業として大きくなり、経営陣が変わると、サービスはつまらなくなってしまう。

さて、「パターン化」を用いて、主に自己分析の話をしてきた。自分について知ることができると、自分に甘い人生を設定できる。

自分に甘い人生は、何よりも楽しい。

だって、甘いのだから。

できることとできないことがわかると、いまやっておくべきことがわかる。

「明日やれることは、今日やるな」

宿題をほったらかしにしたまま、ゲームをしているときの罪悪感は、ある種、恍惚《こうこつ》だ。それが、このエピソードで伝えたかったことである。

でも、その喜びを味わえるかどうか。それはタイプによる。

あなたは、どうだろう。サボる才能はあるか。モラルは残っているか。

働かないアリになることはできるか?

エピソード７

働かないアリであれ

――「余生」の話

2020年。いま、僕はフランスのパリに住んでいる。ゲームをして、映画を見て、好きなところに好きなときに行く。得意なことをビジネスにして、それをダラダラと回し、興味のあるビジネスや面白い人がいれば、そこに投資をする。そんな自由な生活を送っている。

世の中には、「サボれない人」もいる。海を泳ぐマグロのように、止まったら死んでしまうようなタイプだ。

こうやって人生をサボれるのも才能なのかもしれない。

アリを観察していると、一見、サボっているように見える「働かないアリ」がいるという。彼らは、働きアリが運んできたエサを食べ、働きアリが掃除した巣で生活し、ぶらぶら散歩している。

「働かないアリ」は、ぶらぶら歩いていると、思いもよらなかったデカいエサに出くわす。巣に戻り、エサがあったことを知らせると、働きアリが運んできてくれる。

さあ、あなたはどちらのアリになりたいだろうか。サボる才能はあるだろうか。

そんな読者に向けて、「働かないアリのすすめ」で本書を締めよう。

あらゆることを調べつくせ

「働かないアリ」に必要な素質は2つある。

それは、「ダラダラすることに罪悪感がない」と「自分の興味のあることに没頭できる」ということだ。これは、つまり**「余生」**の話でもある。

ダラダラすることとは、大事な要素だ。

その理由は、社会的な背景にもある。

みんな生きている限り、人も社会も成長していくと思い込んでいる。

人生が右肩上がりになっていくと考える「成長バイアス」が誰しも植えつけられている。

僕より上の世代は成長バイアスから抜けられないだろうから仕方がないとして、25

歳以下の人は、その感覚が少なくなっていると感じる。

おそらく、就職して何年かしたら給料がそんなに増えないことに気づくし、先輩の給料を見て先の人生を想像したりするからだろう。

ずっとダラダラした日々が続いていく。

そういう前提で生きていれば、努力が報われなくても生きていける。

ビジネスの話を考えると、アメリカと中国の企業がどう動くかを視野に入れておかないといけなくなってきた。

彼らが大きな産業を壊していく流れには逆らえないので、少しでも生き残れそうな業界や職種を選ぶようになる。

世界中から頭脳が集まってきて高い給料を払うことのできるアメリカ。自分たちの利益のためなら、法律も変えるし、人件費も圧倒的な安さを誇る中国。

この2つの国が攻めてこない部分を探りあてないといけない。

たとえば、日本の「発泡酒」は世界にとってはムダなものだ。

発泡酒は日本独自の酒税の基準に合わせて造られている。麦の比率などで税金が安くなるからだ。

そのルールが生んだ、おいしくないお酒である。

内向きに造られていて、「世界に向けておいしいビールを造る」というルールとは無縁のところにある。

日本市場では発泡酒や第三のビールで成功するメリットは大きい。

海外をまったく知らなくても、日本の文化圏の中で、微妙な差を嗅ぎ取ってマーケティングセンスを発揮して暮らす道だ。この先30~40年は暮らせるだろう。

さて、働かないアリに必要なもう1つの要素が、「自分の興味のあることに没頭できる」ということだ。

調べることを面倒に思う人がいる。たしかに、インターネット以前は面倒だった。けれど、パソコンやスマホがある現在では調べるコストは、ほとんどゼロだ。

僕は、「1%の努力」として、調べることは徹底的にやるようにしている。

たとえば、制度のことだ。

あなたは、ふるさと納税をやっているだろうか。

どうせ払う税金なんだから、モノがもらえたほうがいい。その仕組み自体は、やらない理由がない。それなのに、「なんかめんどくさそう」と思って調べないのは、やはりダメな行動パターンだと思うのだ。

僕のところには米10キロほどが届き、けっこう余ってしまった。

というのも、金額的にトクすることがわかってやってみたら、とんでもない量の米が来てしまったのだ。

また、「投資で一発狙いたい」と言っている人に、「iDeCoとNISAは、やってる?」と聞くとやっていないと言われることがある。

それどころか、その制度すら知らなかったりする。

税制的に個人がトクする仕組みを、わざわざ国が用意しているのだから、利用しない手はない。

ほんの少し調べれば、NISAやiDeCoがトクなのは誰にでもわかる。それすらも調べられないのであれば、投資なんてしないほうがいい。

「調べる労力を惜しんでいないか？」

知らないだけで損をするのは、もったいないことだ。

ちなみに、ＮＩＳＡの枠は毎年１２０万円まで５回使えるので、貯金のうち６００万円はとりあえず全部ＮＩＳＡに突っ込むのがいい。

トクした利益に対して20％くらいを課税されるのが普通だが、それが課税されないおいしい制度だ。

また、僕は、「安くていい肉を手に入れる方法」を調べたことがある。

『ステーキ・レボリューション』という映画が好きなのだが、その映画によると、「ルビアガレガ牛」が世界一おいしいらしい。

日本では松阪牛がおいしくて有名だが、松阪牛は人工飼料を食べさせている。

だから、松阪牛の精子を盗んだ投資銀行の金持ちが、その精子を使って生まれた牛をスペインで牧草を食べさせて育てた。

そして本来は子牛が柔らかくておいしいのだが、味そのものは年を取った牛のほうが旨みがある。静かに十数年を過ごした牛のほうが、脂も広がらずおいしいのだ。

ただ、ルビアガレガ牛を日本で食べられる店は、僕が調べた限りは存在しない。一部の国を除き、日本は生後2年以内の牛の肉しか輸入しちゃいけないルールがある。

それ以外で輸入するときは、日本の検疫所のルールに則った工場で解体した場合に証明書が貼られるのだが、そのスペインで育った牧場の牛は数が少ないので、わざわざ日本の認証を受けて輸入される必要もない。

その肉が、パリにいると通販で買える。100グラムで400円ぐらいだ。世界一おいしい牛肉が、その程度の値段で手に入る。

興味が出たものは、徹底的に調べる。

そして、納得するポイントを探る。

「仕事だから調べる」「しょうがないから調べる」ではなく、「知りたいから調べる」を出発点にするのが大事だ。そうやって過程を楽しめる人になろう。

肉屋を応援する豚

自分本位で生きる「働かないアリ」になるためには、聞き分けがよすぎるとダメだ。たいていの日本人は聞き分けがいい。

「肉屋を応援する豚」という言葉が最近のマイブームだ。いつか自分が殺されてしまう状況の豚が、肉屋の営業を心配してしまい、最後には屠畜《とちく》される話だ。

自分は関係ないと思うかもしれないが、この状況をそこかしこに見かける。残業代を支払わない企業や、年金資金が足りない日本政府などが肉屋の例だ。

本来は「お金をくれ」と言うべき立場の人が、「まあ、みんな大変だよね」と聞き分けをよくして許してしまっている。

しかし、後になって苦労するのは自分たちだ。

みんな給料を上げてほしいと思っている。でも、言えない。

そんなふうに空気を察していると、やがて自分がやられる。

「聞き分けのいい豚になっていないか?」

それをちょっと考えてみてほしい。

世の中、実力がハッキリと数値化される仕事は、そんなに多くない。

たとえば、あなたがファミレスの店員だとしよう。

働くのがだるいから手を抜いて働きたい。でも、クビにはなりたくない。

その場合の戦略は、他の店員たちと仲良くなって、「この人をクビにしたら私も別のとこに行きます」という派閥を作ることだ。

大して働いていないけど、まったく働いていないわけじゃない。だから、クビにするほどではない。

そんなポジションになるのだ。

ある有名な外国人タレントは、タクシー代を値切っていると言う。「タクシー代なんて値切れるの？」と疑いたくなるが、じつは値切れる。1万5000円くらいの料金の距離では、「1万円しかないんですが、それで行ってくれないか？」と交渉するらしい。

ホテルに泊まるときも、「1週間ほど泊まりたいんだけど、2割引きにしてもらえないか？」と言うそうだ。

外国人ですら、日本でそのような値段交渉をしているのだから、日本人にできないわけがない。これも「1％の努力」の好例だろう。

あるいは、あなたは交渉をしたり、お願いをしたりすることはできるだろうか。

「1日泊めてくれない？」

そう頼める友人が7人いれば、1週間も宿代ゼロで暮らせる。246ページの「お返しをする人」のように、お土産を持っていかないといけないと思っているとすれば、働かないアリにはほど遠い。

僕くらいになると、友達の家に他の友達を呼び、「飲み会をやろう」と言って、食べ物やお酒を持ってきてもらう。宿代だけでなく、飲食代もタダにしてしまう。「そんなことできない」と言われるかもしれないが、ヒッチハイクと同じで、こんなものは「慣れ」だ。

あるいは、財布もスマホも持たずに街に出て、24時間を過ごせるだろうか。人間だって動物なのだから、犬や猫や鳥のように、体一つで外に出て生きていけないわけがない。本屋で立ち読みをしたり、公園で植物を見たり、野宿したりして過ごせるはずだ。

そうやって実験的にホームレスをしてみると、精神的に強くなれる。

一度やってみると、案外、何もせずにうまいこと生きられることが実感できるだろう。たくましく、しぶとく生きるコツでもある。

さも、意味ありげに生きられるか

年を取るにつれて働かないようにシフトしていったほうがいいのには、理由がある。体力が落ちてくると、同じような仕事をし続けるのが難しくなる。やはり能力は若いほうが有利だ。

経験とかコネクションが広がって年を取っていくならいいが、ただ10年間を何も考えずに過ごした人には何も残らない。

現場のシステムを作っているとしよう。

孫請けで請けた仕事で、そのスクリプトを難解にし、触れる人を自分だけにしてしまえば、そのメンテナンスだけでずっと食っていける。

いわゆる、「仕事のブラックボックス化」だ。

さも意味ありげにしておくことで、自分のポジションを確立してしまえる。

このようなムダが、企業には、そこかしこに存在していると思う。

自分が逃げ切るため、自分が幸せになるために、他人を犠牲にする人は一定数いる。

これは無能な人のための生存戦略だ。

フリーランスのような個人の働き方も同じような話がある。

テレビに出て1時間ほど自分の話をしてしまったとしよう。そのときのギャラで30万円をもらえたとしても、テレビで披露してしまったら、講演会では同じネタが使えなくなる。

テレビに出ないことで、日本中をセミナーだけで回って食っていけるのならば、そのほうがいいかもしれない。効率や生産性を考えると、テレビで1回話したほうがトクだが、生きるためには関係ない。

生きるためには、経営者も必死だ。

僕はよく、「役者なんかより経営者のほうがよっぽど演技力があるな」と感じることがある。

平気でウソをついてお金を引っ張って会社を存続させて、「ウソをウソじゃなくする力」があるのが、いい経営者である。

数十秒の演技次第で数百万円が手に入るかどうかが決まるので、迫真の演技にならざるを得ないのだろう。

芝居がかっていると思わせると失敗なので、自然なリアクションのようにしたり、ある人は本気で言っていたり。

正直者には商売は向かないのだ。

「ブラックボックスの部分を持っているか?」

本書でも、これに似た話をたくさんしてきたし、何度も書くが、僕は弱者の味方だ。ポジションを確立するためにブラックボックス化している人を、否定しない。本書の冒頭の「団地の人たちの話」に通じるが、自分のことが最優先であるべきだ。

パリの働かないアリたち

さて、こうして団地の働かない人の話へと戻ってきた。

前提が変わったであろう読者の人に向けて、いまの僕がいるフランスの光景を話そう。

パリでは、ホームレスがいい車に乗って出勤してくる。

観光客から結構なお金がもらえるらしく、普通に車で出勤してきて稼いで帰るという。

もはや、ホームレスという職業を謳歌している。

それを観察していると、妙にペットを飼っている割合が高い。

ずっと同じところにいる人でも、たまにペットが変わっていることに気づく。子犬や子猫、子ウサギなど、見ていて守りたくなるような動物ばかりがいて、大きくなったペットは見かけない。

これも、おそらくは業務の一環で、かわいいペットがいるほうが、観光客からお金がとれるのだろう。

本当にみんな、しぶとく生きている。

大工に来てもらった話もある。

クーラーの取り付けやペンキの塗り替え、シャッターの修理を頼んだのだが、腕のいい優秀な個人大工が来た。

本来であれば、業者で請け負うパターンが多いと思うが、そういう企業は減っていて、フリーランスのような人が多い。

シャッターの修理だけを頼んだが、窓のサッシに油を差してくれたり、家中の細かなことを気にしてくれたりして、たぶんサラリーマンには向いていない職人タイプだったが、そうやって個人としての仕事を取っている人が生き残っていくのだと思った。

また、フランスの人たちは、夏はマルセイユの街に行きたがる。

マルセイユで自家用車を運転できるのがベストなのだが、そこまで運転していくのはイヤだと言う。遠すぎるからだ。

そこで始まったサービスが、車のないヒマな人が車を持っている人に1ユーロを支払ってパリからマルセイユまで車を代行運転して、現地で車を返すという仕組みだ。

そうすると、お金のない学生は、安くマルセイユに行くことができて、お金のある人は飛行機で悠々とマルセイユに行き、そこで自分の車を受け取れる。

フランスに限らず、バカンス文化のある国で流行りそうなサービスだ。

また、Ａｉｒｂｎｂのような形で地元の料理を売るサイトがある。

パリにいる外国人に向けて、たとえばインドネシア人なら、自分の家まで来てもらってインドネシア料理を振る舞ってくれる。

しかも5ドルくらいの安い値段だ。

そういったニッチなサービスも増えて、彼らは小銭を稼いでいる。

「ニッチに稼ぐ道もある」

街中に、ニッチに稼げるチャンスは転がっている。それをかき集めてダラダラと生きていく人もいるのだ。

また、パリではシェアサイクルが廃れてきて、電動スクーターのレンタルが流行している。

そこにも変わった稼ぎ方をする人がいる。

バッテリーがなくなった電動スクーターを集めて、家で充電して戻す。それで3〜5ユーロほどがもらえるそうだ。

夜中に電動スクーターを集めているおじさんをよく見かける。

それによって、会社がメンテナンスコストを払わなくてよくて、手の空いた人が勝手に充電をして回ってくれる。よくできた仕組みだ。

ちなみに、この電動スクーターは30キロほどのスピードが出てしまい、法律的にはフランスでもアウトだ。

けれど、20キロ以下でしか走らないように個人の責任に任せられている。日本では決して広まらないグレーゾーンを攻めたサービスだ。

世界中に善意はある

さて、こうしてパリでも、赤羽の団地の人たちのように、みんな細々とではあるけれど幸せそうに生きていることがわかった。

これまで僕は、アメリカ留学を皮切りに、世界中、53カ国を回った。

海外で人々の暮らしを見て、人と話をしても、やはり毎回思うことは同じで、「一生懸命に生きなくても大丈夫」という結論に落ち着く。

貧しい国として印象的なのは、ミャンマーだ。

アメリカから経済制裁を受けていたときのミャンマーに行ったことがある。

当時はクレジットカードが使えず、現金のみだったので、観光客も少なかった。

そこで朝方に散歩をしていたときの話だ。

市場に向かって歩いていると、スカートのように見えるロンジーという衣装を穿いた現地のおじさんに話しかけられた。

「知り合いの店があるから紹介するよ」

そう言った。

僕は瞬時に、どこかに連れていかれて、そこで買ったものの売上のマージンがおじさんに入るのだと思った。

そうして、何店舗かのお店を回ったが、僕は気に入ったものがないので何も買わなかった。それでも、特に何かを勧めてくるわけでもない。

それどころか、路上で1個1円くらいで売っているタバコのようなものを買ってくれた。

そして、「カフェでお茶をしよう」と言い出したので、「ああ、僕がこれをオゴって終わりだろうな」と思った。

カフェで話をしていると、普段は旅行代理店をやっていて、今日は休みなのだと言う。そして、店を出るときに、なんとそのおじさんは僕の分までオゴってくれた。

「なぜ、こんなにもよくしてくれるんですか?」

そう聞くと、「世界中からお客さんが来てほしいから、来た人が『ミャンマーはいい国だ』と思ってくれたほうがいい。ミャンマーがよくなるためにやっている」と言った。

そのこともあって、僕はこの話をいろいろなところでしている。こうして、この本にも書いて恩返しをしている。


こうした話は、ミャンマーの人に限らない。

タイで王宮を見に行ったときに、日本語でガイドをしてくれた人もいる。

「なんでこんなことをしてるの?」と聞くと、「ボランティア」とだけ答えて、そのまま彼は帰ってしまった。

ミラノに行ったとき、手にミサンガを巻かれたこともある。

「絶対にお金を払わないよ」と言ったら、「いや、お金はいいんだよ」と返してきた。

最後までミサンガを巻いて、「For Africa.（アフリカのために）」とだけ言って去っていった。

フィリピンのコンビニではペソとドルの両替が面倒で見知らぬ人からオゴってもらったこともあるし、ドバイではバスの乗り方を間違えてオロオロしていたら、代わりにバス代を支払ってくれた人もいる。

ドイツの列車では、間違って一等のほうの客車に乗っていたら、「切符がないと罰金だ」と言われて駅長室に連れていかれた。けれど、罰金は取られなくて、注意だけされて放免された。

世界中どこでも、困ったときには、いい人が助けてくれる。

話しかけられたら話は聞く。ただし、「お金を払わない」ということだけを強くルールとして決める必要はあるが。

とはいえ、さすがの僕でも善意ばかりが続くと、「ちょっと悪いことをしたな」という罪悪感が生まれるものだ。

最後にはすべて笑い話にできる

さて、この本もそろそろ最後だ。

本も映画もアニメもゲームも、ハッピーエンドにしたほうが売れるのは間違いない。

しかし、個人的には、バッドエンドの作品が好きだ。

それは、売れなくてもいいから現実を教えようという、作者のエゴがあるからだ。

彼らは、みんなが予想しているものと違う何かを伝えたい人たちである。

そういうものを見たほうが勉強になるし、得られるものが多いと思っている。

だが、それは少数派の意見だ。

だから、ちょっとでも救いになることを最後に書いておこう。

それは、世の中すべて「ネタ」だということ。

受験がうまくいかなくても、就職が決まらなくても、事業で失敗しても、お金がなくなっても、家で友達と酒を飲みながら自虐を言えば、ゲラゲラ笑ってくれる。

それに代わる人生の楽しみが他にあるだろうか。

ツラかったり、しんどい目に遭ったりしたら、頭の中では、

「これ、絶対に後で笑い話になる」

と考えている。

そんなふうに語れるエピソードを、あなたは持っているだろうか。

「笑い話をいくつ持っているだろうか？」

これが最後の思考法だ。

「こんなヒドい目に遭ったんだよ」

そう言って話せる人が、あなたの周りにいること。それを心から願っている。

おわりに

18歳のとき、僕は浪人をした。浪人生という肩書きは、勝手に名乗っているだけで、要は「無職の男」だ。つまり、レールを外れて生きているようなもの。その経験をしたのは大きかった。

「毎日が夏休みじゃないか」

そう思った。予備校に行くと、純粋に勉強が好きなタイプがいることもわかった。そこと戦うのはバカらしいと思った。好きでやっているやつに、努力で追いつけるわけがないからだ。

芸人やスポーツ選手、作家など、センスが必要な仕事がある。センスには努力は勝てない。センスという自転車に乗っている人に、いくら必死で走っても追いつけない。

人生において、自分には向いていない分野に見切りをつけるのも大事なことだ。自己分析をし、自分の本当のタイプを見定めよう。

放っておいても何かやるタイプと、本当に何もしないタイプがいる。前者は、それをそのままやっていればいいのだが、後者は、消費者にしかなれない。だから、手っ取り早く就職してしまって、そこの会社にしがみついて生きていけばいい。そういう道もある。

僕の知人の経営者に、「中卒」を武器にしている人がいる。経営者だから学歴なんてどうでもいいのだが、「中卒と名乗ると、相手が必ず食いついてきて、話を聞いてくれるから便利なんだ」と言う。

一般的に欠点だと思われていることを、あえてさらけ出すと、成功率が高まる。コンプレックスは、自分にしかない切り札に化ける場合がある。まさに「1%の努力」の実践者だ。

さて、長いこと「管理人」をしていた僕は、いま、「ペンギン村」というコミュニティを運営している。いわば、ペンギン村の「村長」だ。

そこでは、テレビやマンガの感想を言い合ったり、相談事にのったり、バカ話をしたりと、地域コミュニティや近所の人たちと本来やっていたことを、ネットを通しておこなっている。

ルールとして、「相手の人格を否定すること」「知り得た個人情報を漏らすこと」などを禁止している。ツイッターやヤフコメなど、いまのネットの世界には、「マナーが悪い」「世間を騒がせた」「不快な思いをさせた」などと、誰にも実害がないことに正義を振りかざす人で溢れ返っている。「ペンギン村」は、そのアンチテーゼでもある。

オンラインサロンのような意識の高いノリではなく、毎日を楽しく暮らすのが目的だ。楽しく暮らすためには、コミュニケーションが大事だ。しかし、いまの社会では、近所の人と気軽に仲良くなることは難しい。

そう思って、実験的にはじめてみた。

「自分にしかないもの」「他の人があまり考えないこと」という武器で勝率を高めた

り、勝ったときはすごく気持ちがいい。自分の持っている能力や機能を、どこのポジションに持っていけば人生がラクになるか。それをいつも考えていると、人生が生きやすくなるし、シンプルに楽しい。

あなたにとっての「1％の努力」とは、どんなことを指すのだろうか。それは、あなた自身にしか決められないことだ。

最後に、『無敵の思考』『働き方 完全無双』の2冊に続き、僕のとりとめのない話をまとめてくれた編集の種岡健さんにお礼申し上げる。

ひろゆき

ひろゆき・全思考まとめ

本書で出てきた大事な部分（太字部分）を最後にすべてまとめておく。
一瞬一瞬の判断が、その後の人生を左右する。
その判断軸になるように、ぜひ思い出せるようにしてほしい。

前提条件

思考1　「エッグスタンドなんて、いらなくない？」

p.033

人生において、すべてのモノがあなたにとって必要とは限らない。卵を置くためだけのエッグスタンドが本当は不必要であるように、豊かであるように見せているだけのモノを見破れるようにしよう。

思考2　「この人とは『前提』が違うんじゃないか？」

p.038

自分と違う意見を持つ人がいたときに、シャットアウトするのはもったいない。「なんでそういう考えをしているのか」を予想してみると、新しい考え方にも寛容になる。どんな人からも学べるのだ。

思考3　「彼らは太古からずっといた」

p.043

想像力を絶やしてはいけない。自分が生まれるはるか以前にまで考えを巡らせてみよう。きっと親近感を持つことができる。偏見だってなくせるし、差別もなくせるかもしれない。

思考4　「自分はどうなったらヤバいと感じるのか？」

p.049

自分にとっての底辺を考えてみて「最悪の状態」を想定しておくといい。できれば実際に見てみるのがおすすめだ。旅行、映画、本、ネットなど、手段はいくらでもある。

思考5　「人は権利を守る生き物だ」

p.055

ダメな人には、ダメになった理由がある。彼らを受け入れる仕組みが必要だし、精神論で鼓舞したって意味はない。ダメな人にだって人権はある。あなただって、いつダメな人になるかはわからない。

思考6　「片手はつねに空けておけ」

p.060

いくらチャンスが目の前に現れても、そのときに「余裕」がないと取り逃がす。両手がいっぱいだと、何も新しいことが始められない。まずは手放そう。スケジュールに余白を作ろう。

思考7　「お金がない。じゃあどうしよう?」

p.064

「お金を払えばいいや」と思った瞬間に、人は思考停止する。近所からおすそ分けしてもらう、友達に借りる、他のもので満たすなど、方法はいくらでもある。すぐにお金に頼る人は、孤独を満たす消費しかできない。

優先順位

思考8　「自分にとっての『大きな岩』はなんだろう?」

p.073

壺の中に最初に「大きな岩」を入れないと、後から入れる隙間はなくなってしまう。砂利や砂や水は、後からでも入れることができる。その順番は、自分が決めるしかない。

思考9　「これはロジックの世界か、趣味の世界か?」

p.078

物事は2つに分けよう。ロジックが通じる領域とそうでない領域。後者のほうは「趣味の世界」と割り切ってしまえば、不毛な議論で消耗しなくていいので便利だ。

思考10　「それは修復可能か？」

p.081

何がムダで、何がムダじゃないかは、判断が難しい。それを決めるコツは、後からでも取り戻せるものは、いったんムダなほうにすることだ。後から取り戻せないなら、それは「今しかできないこと」なのだ。

思考11　「自分はどこのゴールに向かっているか？」

p.085

目標は具体的でなくてもいいが、なんとなくでも向かっている方向が決まっていたほうがいい。現実的かどうかも考えなくていい。一見、無謀なことであっても、行動が変われば少しずつ近づいていく。

思考12　「世の中はチョロいし、意外とちゃんと回っていく」

p.089

「社会はちゃんとしたものだ」と思い込んでいるのは、思考がまだまだ幼い。会社も学校も政府も、意外と適当に回っているところがある。所詮、自分と同じような人間が運営しているだけだ。構える必要はない。

思考13　「これ、高校生でもできるんじゃない？」

p.094

自分の仕事にプライドを持つのは勝手だが、そこまで難しいことをやっているだろうか。学生にマニュアルを渡せば、できることじゃないだろうか。もっとレベルの高いことをやろうと思わないだろうか。

思考14　「自分にとって何がストレスだろう？」

p.098

一度やってみて、嫌だったらやめる。自分に向いていないことを体験しておくと、それを避けることができる。「逃げた」と思わなくてもいい。「寿命が延びた」と思えばいい。自分を納得させるのも能力のうちだ。

ニーズと価値

思考15 「好きなものは好き。だって好きだから」

p.105

「なぜそれが好きなのか」は、すべて後付けだ。理由なんて意味はない。勝手に好きなことを勝手にやればいい。ただし、説明できるようにしておくと便利なのは間違いない。

思考16 「なくなったら困る体験は何か?」

p.112

好き嫌いで仕事をするのはおすすめしない。それは、ニーズを見誤るからだ。では、ニーズはどこにあるのか。自分にとって「これがなくなったらイヤだな」と思えるもの、そこにニーズが隠れている。

思考17 「物事は大きくなりすぎると、やがて『共存』する」

p.119

中途半端に目立ってしまうと、まわりに潰されてしまう。そうならないためには、先に「数による影響力」を作ってしまうのがポイントだ。コツコツ石橋を叩いて渡るより、思い切って突き進むことも、ときには重要だ。

思考18 「包丁は何も悪くない」

p.124

新しいものが登場すると、必ず問題が起こる。大事なのは、その問題が起きたとき、解像度を上げて「何が悪いのか」をちゃんと特定することだ。「なんかよくわからないから」という理由で潰してしまうのはもったいない。

思考19 「やられたときだけ、やり返す」

p.129

まずは相手を信じたほうがトクだ。悪意を持って攻撃されることは少ない。ただし、やられたときは、すぐにやり返せるようにしよう。ずっと信じてしまうのは、それはそれで損する人生を送ることになる。

思考20「誰しもがひと言だけ言いたい」

p.132

世の中みんな、自分が正しいと思い込み、評論家のつもりで生きている。テレビの前でもネットの前でも、みんなそれぞれ好き勝手なことを言う。社会はそれで回っていることを前提に考えよう。

ポジション

思考21「場所があれば、人は動きはじめる」

p.139

人は、やる気があるから動くのではない。動きたくなる環境があるときに、初めて動きはじめる。大事なのは、場所だ。なんの気力もないように見える人でも、場所を変えれば別人のように動く。

思考22「第三者的なところを探れないか?」

p.145

1つの世界しか知らなかったら、そこで競争するしか道がない。2つの世界を知っていると、そこを行き来して外側から意見を言える「第三者」になることができる。客観的な視点は、外から見ないと得られない。

思考23「本音で言う。そして、ちゃんと謝る」

p.149

意見を求められて、当たり障りのないことを言っていても仕方がない。思ったことを正直に言ったほうがいい。ただし、後で間違っていたことがわかったら、ちゃんと謝ることが大事だ。それが信頼につながる。

思考24「いつだって、発信者は強い」

p.153

集団では、先に意見を言う人が立場が強くなる。正しいか、正しくないかより、最初に言うことが大事だ。それも、ただ当たり前のことを言うよりは、周囲をハッとさせる逆張りの意見のほうがポジションをとることができる。

思考25 「現場レベルのサブスキルを持っておく」

p.157

自分の意見に説得力を持たせるためには、裏付けになるスキルが必要になる。一度もボールを蹴ったことがない人がサッカーについて語っても誰も聞いてくれない。漫才を審査できるのは、漫才をやった人にしかできない。

思考26 「日本人、1億人に投げかける」

p.163

ネットによって日本人は分断されていると言われているが、世界から見ると、まだまだ均質化されている。みんなが知っているテレビタレントもいるし、どこの街でも同じ店や商品が並んでいる。

思考27 「人とちょっと違うことは何か?」

p.170

同じようなタイプの人間が多い中で、ちょっとした差異は、武器になる。自分にとって当たり前で、今さら言うようなことでもないことが、他人にとっては面白いポイントになったりする。

思考28 「特殊なポジションに手を挙げる」

p.171

「これは未体験だ」と思ったら、すぐに乗っかったほうがいい。後先のことは、あまり考えないのが大事だ。できたらできたでいいし、できなかったら苦手なことが学べるから、どっちにしてもトクをする。

努力

思考29 「最後に勝つにはどうすればいいか」

p.180

プロセスがどうであれ、結果が出れば、人は評価してくれる。東大卒と聞けば、きっと頭がいいのだと誤解してくれる。どんなに勉強を頑張っていたとしても、大学に受かっていなければ誰も評価してくれない。

思考30 「上の判断がよければ、下がテキトーでもうまくいく」

p.186

トップの責任は重い。1つ判断が間違えれば、全員が死んでしまうこともある。一方で、現場の人は、任されたことをやるだけなので、1人が失敗したって全体への影響は少ない。

思考31 「頑張りは人に押し付けない」

p.189

「自分が頑張っているからお前も頑張れ」というエゴは捨てよう。頑張りたい人は勝手に頑張ればいい。努力を努力と思っている時点で、好きにやっている人には決して勝つことができない。

思考32 「競争のいらないところに張る」

p.193

努力できることも才能のひとつである。それを持っていない人は、ラクに結果が出せるところをつねに探そう。他人と争わなくてもいい場所がきっとあるはずだ。

思考33 「自分は『いい人』に見えているか?」

p.197

自分の仕事だけバリバリこなすことが仕事ではない。そこにいるだけで場の雰囲気を明るくさせること、コミュニケーションを円滑にすること。そういう才能はバカにできない。

思考34 「これって、遺伝子なのか、環境なのか?」

p.203

自分の意思ではどうにもできない領域がある。遺伝子かもしれない、環境のせいかもしれない、と想像力を働かせてみよう。諦める部分と頑張れる部分を分けて考えることができる。

思考35 「自分は先輩に歯向かえるか?」

p.207

無条件に権威に弱い人がいる。そういう人は、無理にイライラして消耗せず、従順に生きたほうが幸せだ。おかしいことはおかしいと言える人なら、戦う道もある。あなたはどっちのタイプだろうか。

パターン化

思考36 「ゼロイチ以外でできることは何か?」

p.223

ゼロからイチを生み出すクリエイターのような生き方はカッコいい。ただし、それだけでは社会は成り立たない。それ以外にも光を当てよう。改善したり維持させることも立派な能力だ。

思考37 「今日はなんの実験をしてみようかな?」

p.225

仕事が面白いか、つまらないかは、自分の工夫次第でどうにでもなる。1つテーマを決めて、結果を検証してみる。それだけで、仕事はゲームのようになる。人生も同じだ。

思考38 「身近に支えたい人がいるだろうか?」

p.230

才能を持った人を隣でサポートする道もある。その人が最高のパフォーマンスを出せるように、自分ができることは何か。上手におせっかいができるタイプは、そのスキルを磨いてみよう。

思考39 「夏休みの宿題をどうやって片付けただろう?」

p.233

まとまったスケジュールで与えられたノルマをどのようにこなすか。小学生のときから、それを試されたはずだ。そこに仕事のタイプが表れていて、逆らわずに生きたほうが賢く生きられる。

思考40 「いま、実績を持っているか?」

p.236

実績があるかないかは、嘘をついても仕方ない。実績があれば、仕事は一気にイージーゲームになる。実績がないうちは、うまくいかないことが続くが、回数を増やすしかない。凹んでいても仕方ない。

思考41 「この人は何を求めているんだろう?」

p.239

ビジネスの話をしているとき、相手が何を求めているのかにフォーカスしよう。そこが自分と一致しない限り、うまくいくことはない。求めているものによって、その人をパターン化することができる。

思考42 「この1週間で、『新しいこと』はあっただろうか?」

p.241

人生を楽しめているかどうか。それは、「最近こんなことがあった」と語れるものがあるかどうかでわかる。日常が同じことの繰り返しになっていないだろうか。刺激を受けているだろうか。問いかけてみよう。

思考43 「自分は『お返し』をしようと思うタイプか?」

p.246

いま、個人主義の時代になってきている。自分のことで一杯いっぱいになり、余裕はどんどんなくなっている。それでも自分にモラルがあるかどうか。一度、確かめてみよう。

余生

思考44 「調べる労力を惜しんでいないか?」

p.255

ダラダラと暮らしていくコツは、徹底的に調べるクセがあるかどうかで決まる。わかったフリをするのではなく、自分が納得できるまで調べることができるか。学ぶことを面倒に思わないほうが、人生は楽しい。

思考45 「聞き分けのいい豚になっていないか?」

p.258

後になって自分が損をすることが明確な場合、ちゃんと声をあげたほうがいい。相手のことを慮っているばかりだと、やがて自分が大変な目に遭う。豚は食べられる前に肉屋から逃げるべきなのだ。

思考46 「1日泊めてくれない?」

p.259

人に頼ることができるだろうか。お金がなくても宿や食事をどうにかできる人は、たくましい人生を送ることができる。何でも頼れる友達を1人でも多く作れるように生きてみないか。

思考47 「ブラックボックスの部分を持っているか?」

p.263

世の中には、弱者のほうが多い。弱者は弱者なりの守るべきものを守ろう。正直に生きる必要はない。権利は主張し、食い扶持を手放すな。自分の人生は自分で守れ。

思考48 「ニッチに稼ぐ道もある」

p.266

余生のようにダラダラ生きるためには、自分にしかできないことを1つでも持っておくのがポイントだ。街を見回してみよう。お金になるものが、案外、身近に転がっているものだ。

思考49 「笑い話をいくつ持っているだろうか?」

p.273

失敗を失敗にさせないテクニックがある。それが、「話術」だ。自虐を話して憐れんでもらうより、バカにされて笑ってもらったほうがいい。世の中、すべてネタである。成功だけがすべてではない。

［著者］

ひろゆき

本名：西村博之

1976年、神奈川県生まれ。東京都に移り、中央大学へと進学。在学中に、アメリカ・アーカンソー州に留学。1999年、インターネットの匿名掲示板「2ちゃんねる」を開設し、管理人になる。2005年、株式会社ニワンゴの取締役管理人に就任し、「ニコニコ動画」を開始。2009年に「2ちゃんねる」の譲渡を発表。2015年、英語圏最大の匿名掲示板「4chan」の管理人に。2019年、「ペンギン村」をリリース。

主な著書に、『無敵の思考』『働き方 完全無双』（大和書房）、『論破力』（朝日新書）などがある。

1％の努力

2020年3月4日　第1刷発行
2024年9月18日　第20刷発行

著　者――ひろゆき
発行所――ダイヤモンド社
〒150-8409　東京都渋谷区神宮前6-12-17
https://www.diamond.co.jp/
電話／03･5778･7233（編集）　03･5778･7240（販売）

ブックデザイン－杉山健太郎
校正――――円水社
製作進行――ダイヤモンド・グラフィック社
印刷――――三松堂
製本――――ブックアート
編集担当――種岡 健

ISBN 978-4-478-10849-9